KAMPENWAND
VERLAG

ISBN: 978-3-947738-30-4

Raiffeisenstr. 4 · D-83377 Vachendorf
www.kampenwand-verlag.de

Versand & Vertrieb durch Nova MD GmbH
www.novamd.de · bestellung@novamd.de · +49 (0) 861 166 17 27

Text: Wilhelm Ruprecht Frieling
Bild: Shutterstock / Virinaflora
Druck: Sowa Sp. z o.o. - Raszyńska 13, 05-500 Piaseczno, Polen

Ruprecht Frieling

ICH HABE EIN BUCH GESCHRIEBEN

WAS NUN?

Ratgeber für AUTOREN

Inhalt

BUCH FERTIG WAS NUN?

Wie auch immer: Eines schönen Tages ist mein Buch fertig. Der letzte Satz ist geschrieben, der allerletzte Punkt gesetzt. Was für eine Arbeit liegt hinter mir! Mal bin ich im Schreibfluss schier ertrunken, dann wusste ich tagelang nicht weiter und habe mich durch Engpässe gequält. Mal wollte ich alles hinschmeißen, dann habe ich aber dennoch weitergemacht und eisern an meiner Geschichte gearbeitet. Ja, es war ein hartes Stück Arbeit und manchmal habe ich sogar gezweifelt, ob der Stoff der richtige ist. Aber das alles ist Schnee von gestern.

Jetzt heißt es erst mal kräftig durchatmen.

Der Abschluss eines Manuskriptes ist ein guter Grund dazu, es krachen zu lassen. Gönnen Sie sich etwas Gutes, holen

Sie tief Luft und gewinnen Sie ein wenig Abstand. Schöpfen Sie Kraft! Sie werden sie brauchen. Denn Ihr Buch ist zwar fertig, das Manuskript liegt abgeschlossen auf dem Rechner, aber es stellt sich die Frage, wie es weitergeht. Oder haben Sie sich während des Schreibens genau überlegt, wie Ihr Buch zum Leser findet und was man alles dazu beisteuern muss?

Wer jetzt ehrlich mit *»Nein«* antwortet, dem hilft dieses Buch weiter, Fragen abzuklären und den richtigen Weg zu finden. Wie ich zu dieser Behauptung komme? – In 50 Berufsjahren als Verleger und Autor habe ich mehr als 10.000 Autoren geholfen, ihre Werke zu veröffentlichen. Außerdem habe ich inzwischen mehr als 40 Bücher selbst geschrieben, darunter ein halbes Dutzend Ratgeber für Autoren.

Henry M. Broder beurteilte mich im SPIEGEL: *»Kein anderer Verleger hat so viele Autoren glücklich gemacht.«* – Ich darf deshalb für mich in Anspruch nehmen, etwas von der Materie zu verstehen ... und da ich Wissen gerne teile, informiere ich in diesem Buch über den Alltag im Umgang mit Manuskripten und verrate Tricks und Kniffe der Branche.

> **Mit dem Verfassen des Manuskriptes ist es nicht getan. Schwerer als das Verfassen ist das Verkaufen eines Manuskriptes.**

Die Literaturgeschichte kennt eine Vielzahl von Namen, darunter inzwischen weltberühmte Schriftsteller, deren Werke von Verlagen abgelehnt wurden. Einige ließen die Veröffentlichung auf eigene Kosten besorgen und erreichten auf diesem Wege den Durchbruch. Johann Wolfgang von Goethe suchte 1769 für sein Frühwerk *»Die Mitschuldigen«* vergebens einen Verleger. Auch für den später Berühmtheit erlangenden *»Götz von Berlichingen«* wollte sich keine Hand rühren. Das Drama erschien 1773 in wenigen hundert Exemplaren. Der geschäftstüchtige Goethe zahlte, besorgte die Herausgabe privat und legte damit den Grundstein für seinen späteren Erfolg. Er ist damit der Ahnherr aller heutigen Selfpublisher.

Schiller schrieb von Weimar aus Bettelbriefe und versuchte, einen festen Stamm zahlender Leser für Veröffentlichungen zu gewinnen, die vorerst nur in seinem Kopf geschrieben waren. Er verschuldete sich bis zum wirtschaftlichen Ruin. Balzac, der Meister der Milieuschilderung, musste viel Geld für den Druck seiner Werke zusammentragen, die niemand herausgeben wollte – dazu gehört die *»Comédie humaine« (»Die menschliche Komödie«).*

Edgar Allan Poe, die Brontë-Schwestern, Marcel Proust, Friedrich Nietzsche und viele andere heute weltberühmte Autoren zahlten für die Herausgabe ihrer Werke. Sie sahen keine andere Chance, ihr Werk an den Leser zu bringen. Lew Tolstoi verkaufte sogar heimlich ein Landgut seiner Frau, um einen der berühmtesten Romane der Weltliteratur, *»Krieg und Frieden«*, herauszubringen.

In unseren Tagen ist es zum Glück kinderleicht, seine Werke selbst zu verlegen und an die Öffentlichkeit zu bringen.

Doch mit dem Schreiben des Manuskriptes ist es nicht getan. Heute wie damals beginnt damit der eigentliche Stress ...

WAS BEDEUTET URHEBERRECHT?

Urheberrecht ist ein an die Person des Schöpfers eines Kunstwerks, beispielsweise eines Manuskripts, gebundenes Recht. Es kann weder abgetreten, verkauft oder verschenkt werden, sondern ist untrennbar mit dem Urheber verbunden. Nach dem Tod des Urhebers geht der Anspruch an seine Erben über. Die Rechte sind 70 Jahre lang geschützt. Das bedeutet, dass in dieser Frist niemand den Text ohne Genehmigung der Rechteinhaber veröffentlichen darf.

Nach Ablauf der 70 Jahre werden Werke gemeinfrei. Dann kann jeder, der mag, die Texte publizieren. So sind beispielsweise die Werke von Goethe und Schiller gemeinfrei. Will man ein Gedicht von Goethe in einen Roman einbauen, dann ist das ohne Probleme möglich. Natürlich aber benennt man den alten Meister als Urheber.

Handelt es sich um eine Übersetzung, dann ist diese ebenfalls durch das Urheberrecht bis 70 Jahre nach dem Tod des jeweiligen Übersetzers geschützt. Beispiel: Eine aktuelle Shakespeare-Übersetzung ist geschützt, übersetzt man hingegen die Werke des vor 400 Jahren gestorbenen Briten selbst oder verwendet sie im Original, dann ist das statthaft.

Urheberrechte können nicht abgegeben werden.

Abgetreten werden hingegen Verwertungsrechte. Wird ein Verlagsvertrag geschlossen, dann erhält der Verlag sämtliche Verwertungsrechte an einem Text für einen festgelegten Zeitraum. In Verlagsverträgen werden die Rechte für Print und E-Book gesondert erwähnt. Es ist durchaus üblich, einen Vertrag für den Druck eines Buches abzuschließen, die E-Book-Rechte hingegen auszuklammern (weil man E-Books lieber selbst veröffentlicht).

Die Genehmigung zum klassischen Druck des Buches nennt man »*Hauptrecht*«. E-Book-Rechte sind »*Nebenrechte*«. Zu den Nebenrechten zählen auch Übersetzung sowie Verfilmung und Vertonung. Nebenrechte können ausdrücklich ausgenommen werden, alles ist Verhandlungssache. Verlage sind naturgemäß daran interessiert, sämtliche Rechte in die Hand zu bekommen, um eine möglichst hohe Wertschöpfung zu erzielen.

> **Ein junger Autor, der erstmalig einen Verlagsvertrag abschließt, hat eine schlechtere Verhandlungsposition als ein gestandener Autor, der erfolgreich publiziert und dessen Bücher gut laufen. Doch auch ein Novize im Verlagsgeschäft muss nicht alles schlucken.**

Wichtig ist eine vertragliche Bestimmung darüber, wann die Verwertungsrechte an den Autor zurückfallen. Hier besteht die Möglichkeit, einen Verlagsvertrag zu befristen, ihn nach fünf oder zehn Jahren auslaufen zu lassen. In den Normverträgen sind außerdem Klauseln enthalten, wann eine Makulatur des Werkes erfolgt.

Die *»Makulatur«* genannte Vernichtung von Restbeständen ist meistens möglich, wenn in aufeinanderfolgenden Jahren weniger als x Bücher verkauft wurden. Je höher die angesetzte Zahl ist, desto wahrscheinlicher ist, dass der Vertrag durch Makulatur des Werkes endet.

Wer seine Verwertungsrechte an einen Dritten abgetreten hat, der kann nicht mehr frei über sein Werk verfügen. Will eine Zeitung einen Textauszug drucken, kann dies nicht der Autor genehmigen, sondern nur derjenige, der die entsprechenden Rechte hält. Unabhängig davon ist der Autor frei in seiner Öffentlichkeitsarbeit, das heißt, er kann Interviews geben und sich für den Vertrieb seines Werkes einsetzen.

WIE SICHERE ICH MEINE URHEBERSCHAFT?

»Wenn ich mein Manuskript jemandem zum Lesen gebe, dann klaut er vielleicht meine Idee«, fürchtet Mandy Sch. und fragt, was sie tun könne.

Ein misstrauischer Autor hinterlegt eine Kopie seines Manuskriptes bei einem Notar. Aber das kostet Gebühren und ist nur eine Krücke. Der beste Schutz für ein Buch ist, es in Verkehr zu bringen. Damit wird die Urheberschaft in aller Öffentlichkeit deutlich. Die Urheberschaft an einem Werk, liegt immer beim Verfasser und ist gesetzlich bis 70 Jahre nach seinem Ableben geschützt. Das bedeutet, wer ein Werk abschreibt oder streckenweise als sein eigenes ausgibt, kann gerichtlich belangt werden.

Plagiatsfälle gibt es immer wieder. Zu groß ist der Reiz des schnellen Geldes. Der Fall Martina Gercke beschäftigte lange die Presse. Die schreibende Stewardess behauptete, Texte anderer Autoren nur als »*Platzhalter*« in ihre eigenen, überaus erfolgreichen Bücher gesetzt zu haben. Konkret verwendete Frau Gercke Textstellen aus verschiedenen Büchern von Sophie Kinsella und Ildikó von Kürthy. Es ging nicht um ein, zwei oder zehn Textfragmente, es waren gleich mehrere Dutzend Stellen!

»*Axolotl Roadkill*« hieß der erste Roman von Helene Hegemann. Er erschien 2010 bei Ullstein. Das Buch wurde anfangs – wie Wikipedia weiß – als Sensation der Literatursaison gefeiert. Durch aufmerksame Leser wurden schnell Vorwürfe laut, Hegemann habe weite Teile ihres Buches von dem Berliner Blogger Airen aus dessen Werk »*Strobo*« ohne Quellenangabe abgeschrieben. Kontrovers wurde das Buch erneut diskutiert, nachdem es trotz weiterer Plagiatsvorwürfe für den Preis der Leipziger Buchmesse nominiert wurde. Der Verlag erwarb die zahlreichen Abdruckrechte der zuerst nicht genannten Quellen nachträglich.

In einem dritten Fall meinte Selfpublisherin Katja Piel, die von ihr unter ihrem Namen veröffentlichten Texte fremder Autoren seien versehentlich auf einen USB-Stick gerutscht, auf dem ein paar Schreibmaschinenübungen waren. Sie musste mehrere Bücher vom Markt nehmen, nachdem der Diebstahl geistigen Eigentums bekannt wurde. Alle Fälle wurden durch aufmerksame Leser aufgeklärt, womit sich der Leser als der beste Wächter der Szene profiliert.

Ich bin auch schon bestohlen worden. Einige meiner Rezensionen wurden wortwörtlich kopiert und unter fremdem Namen veröffentlicht. Das ist zwar ärgerlich, aber es kommt doch immer ans Licht der Öffentlichkeit.

> **Wer selbst nicht ans Klauen denkt, der muss keine Angst haben, bestohlen zu werden. Denn die Leserpolizei wacht mit Argusaugen und ist schnell dabei, Plagiatsvorwürfe bekannt zu machen. Sollte jemand auf die Idee kommen, Ihren Text als seinen eigenen auszugeben, dann kann die Angelegenheit rasch geklärt werden.**

Wie mit dem Inhalt des Buches steht es mit seinem Titel. Jeder Titel soll einzigartig und unverwechselbar sein. Daher prüft man vorher, ob es ihn schon gibt …

WIE SCHÜTZE ICH MEINEN BUCHTITEL?

Der Titel eines Buches ist das Tüpfelchen auf dem berühmten I und für die spätere Vermarktung fast genauso wichtig wie das Buch selbst. Denn über den Titel wird ein Buch gefunden, und dadurch, dass es diesen Titel nur ein einziges Mal gibt, wird das Buch unverwechselbar. Titel sind gemäß § 15 Abs. 2 Markengesetz vor Verwechslung geschützt.

Wie aber sollte der Titel des Buches lauten? Dafür gibt es kein Patentrezept. Derzeit sind kurze Titel, die nur aus einem oder zwei Worten bestehen, angesagt. Ich glaube, das ist eine Mode, die vorübergeht. Ein Titel sollte den Inhalt des Buches klar und deutlich wiedergeben. Am besten wird derjenige, der von dem Buch hört, elektrisiert und zum Kaufen angeregt.

Titelschutz setzt das Vorliegen einer unterscheidungskräftigen Bezeichnung voraus. Dabei muss es sich nicht um einen originellen oder einprägsamen Titel handeln, der Titel muss lediglich das Werk individualisieren und dadurch von anderen Werken unterscheidbar machen.

Kürzlich habe ich mit einem befreundeten Autor über den Titel seines neuesten Werkes diskutiert. Detlev Crusius lebt im spanischen Valencia. Er schreibt unter dem Pseudonym *»Eddy Zack«* packende Politkrimis vor realem Hintergrund. Eines seiner Bücher spielt im schwarzen Kontinent und behandelt das Thema des Uranabbaus. Bei dem Geschäft fließt viel Blut, es geht um Millionen.

Detlev schlug *»Uran 235«*, »Wiege des Terrors«, *»Spur des Todes«* und *»Todesspur«* als Titel vor. Das klingt alles spannend, aber es ist recht unkonkret. Im Ergebnis des Coachings kamen wir auf *»Blutiges Afrika«*. Damit wird genau ausgedrückt, worum es in dem Buch geht, der endgültige Titel war gefunden.

Nun ist es aber wichtig, zu prüfen, ob dieser Titel schon existiert. In diesem Fall darf er nicht erneut verwendet werden; jeder Buchtitel hat das Recht auf Exklusivität. Früher mussten Autoren oder Verlage dafür aufwändige Recherchen pflegen. Es gab spezielle Dienstleister wie die renommierte Firma Gracklauer, die gegen Gebühr prüfte, ob ähnliche Titel existierten.

Im Zeitalter des Internets ist das alles einfacher. Eine Titelsuche über Google, beim Versandbuchhändler Amazon und im *»Verzeichnis lieferbarer Bücher (VLB)«* gibt Aufschluss darüber, ob man mit dem gewünschten Titel Glück hat oder nicht. Darüber hinaus lassen sich die aktuellen Titelschutzanzeigen im Börsenblatt unter www.boersenblatt.net/titelschutz durchsuchen.

Da es bis zum Erscheinen des Buches im statistischen Mittel sechs Monate dauern wird, kann die Gefahr bestehen, dass zwischenzeitlich ein anderer Autor auf genau diesen Titel kommt und ihn verwendet. Das wäre eine unglückliche Konstellation, denn im Titelrecht gilt, dass derjenige, dessen Titel zuerst erscheint, Anspruch auf den Titel hat.

Eine Titelschutzanzeige im *»Börsenblatt des deutschen Buchhandels«* oder in Spezial-Magazinen wie *»Der Titelschutzanzeiger«* hilft diese Frist zu überbrücken. Titel lassen sich mit einer Anzeige für ein halbes Jahr schützen, danach ist der Anspruch verwirkt, wenn sie nicht in Verkehr gebracht wurden.

Ob man zum Instrument der Titelschutzanzeige greifen sollte, kann nur im Einzelfall entschieden werden. Ich meine, dass in den meisten Fällen eine Schutzanzeige entbehrlich ist. Die Wahrscheinlichkeit, dass zeitgleich zwei Autoren unabhängig voneinander ein Buch mit genau dem gleichen Titel verfassen, ist relativ gering. Anders ist das bei Büchern, die brandaktuelle Inhalte behandeln, da ist die Gefahr größer und eine Anzeige empfehlenswert.

> **Ist das Buch erst einmal erschienen und allgemein zugänglich, dann ist sein Titel geschützt. Erscheinen danach Bücher mit identischem Titel kann der Autor des zuerst erschienenen Buches Unterlassung verlangen. Das heißt, dass derjenige, der später kommt, seinen Titel ändern oder sich finanziell arrangieren muss.**

Der Titelschutz endet, wenn der Titelschutzberechtigte den Titel nicht mehr verwendet. Unschädlich ist es, wenn ein Titel eine Zeitlang nicht benutzt wird, etwa weil das Buch nur vorübergehend vergriffen ist und eine Neuauflage nicht angekündigt wird.

Ist der Titel schon längere Zeit nicht mehr lieferbar, sodass der Handel nicht mehr mit einer Wiederaufnahme des Titels rechnen muss, liegt eine endgültige Aufgabe des Titels vor. Dies ist nach Auffassung des Börsenvereins bei Büchern der Fall, wenn das Werk mehr als zwei Jahre lang vergriffen ist.

Ist der passende Titel aber erst gefunden und auf seine Einmaligkeit abgeklopft, steht der Gestaltung des Buchumschlages nichts mehr im Wege.

WAS MUSS ICH ZUM BUCHCOVER WISSEN?

Häufig hat der Verfasser eines Werkes nicht nur den späteren Titel, sondern auch das Cover als Bildidee im Kopf. Die gilt es umzusetzen. Dabei spielen diese Überlegungen und Mitwirkungsmöglichkeiten für Autoren, die später in einem Verlag veröffentlichen, eine Rolle. Denn ein Verlag ist froh, wenn ihm der Verfasser als bester Kenner des Werkes Anregungen für die Covergestaltung gibt. Er muss sie nicht akzeptieren, sondern ist unabhängig im Rahmen seiner Gestaltungsfreiheit.

Für diejenigen, die sich selbst mit dem Cover befassen, liegt es nahe, zu Feder und Stift zu greifen und die Gestaltung persönlich zu übernehmen. Es gibt leistungsstarke

Grafikprogramme für den Computer, damit können selbst Laien großartige Ergebnisse erzielen.

> **Aber Vorsicht: Leser erkennen aufgrund ihrer Erfahrung im Umgang mit Büchern meistens auf den ersten Blick, ob es sich um ein selbstgestricktes Buchcover handelt. Gerade im Selfpublishing lockt die Versuchung, alles selbst zu machen und dem Buchkind ein individuelles Kleidchen zu stricken.**

Wer Erfolg haben will, beauftragt einen Grafiker mit der Gestaltung des Buches. Warum? Sämtliche Selfpublishing-Titel, die in der letzten Zeit unter die Top 20 kamen, wurden von Profis gestaltet. Es gibt kein Beispiel der jüngeren Zeit, dass selbst gemachte Buchtitel in die Topliga kommen. – Ist das nicht Argument genug?

Grafiker kosten Geld. Und es ist nicht gesagt, dass durch ihren Einsatz das Buch später automatisch besser läuft. Das gehört zum unternehmerischen Risiko des Selfpublishers, der in Vorleistung geht und erst später feststellt, ob sich der Einsatz gelohnt hat.

Es lässt sich Geld sparen, indem Bilder von Agenturen zur Titelgestaltung eingesetzt werden. Wer das überlegt, sieht sich bei shutterstock.com, depositphotos.com oder pixelio.de um. Dort gibt es Millionen Fotos, die teilweise sogar kostenfrei genutzt werden können.

Findet man eine Abbildung, die den eigenen Vorstellungen entspricht, schaut man sich die Nutzungsbedingungen an, damit es später keinen Ärger gibt. Sind die Fotos für eine kommerzielle Nutzung als Buchcover verwendbar, dann ist man auf der sicheren Seite. Ein Grafiker wird dankbar sein, wenn ihm Bildmaterial vorliegt.

Wie findet man einen Grafiker? Ich schaue mir Cover an, die aus dem Genre stammen, das ich selbst bediene. Gibt es dort Titel, die mich ansprechen, habe ich vielleicht schon den richtigen Gestaltungskünstler gefunden. Ein Blick ins Impressum des Buches genügt, dort wird von fairen Autoren und Verlagen der Gestalter erwähnt werden.

Die Preise der Grafiker sind unterschiedlich, sie werden durch Angebot und Nachfrage bestimmt. Vor der Beauftragung sollte man sich über den genauen Leistungsumfang verständigen. Wird ein Cover für ein E-Book und ein Paperback gewünscht? Sind mehrere Entwürfe erforderlich? Soll der Grafiker den kompletten Umschlag und später den Innenteil layouten? Soll er die für den Upload erforderlichen Dateien generieren?

Es gilt, im Vorfeld den gewünschten Leistungsumfang zu beschreiben, damit klar ist, was an Kosten auf den Auftraggeber zukommt.

Auf der hinteren Umschlagseite des Buches prangt später ein möglichst zündender Klappentext. Wer könnte den kompetenter verfassen als der Autor des Buches?

WIE SCHREIBE ICH EINEN KLAPPENTEXT?

Ohne zündenden Klappentext sinken die Chancen eines Buches mit hoher Fallgeschwindigkeit. Beobachten Sie einmal, wie sich Menschen in einem Buchladen bewegen: Sie schauen sich die Auslagen an, werden vom ein oder anderen Cover angehalten. Dann nehmen sie das Buch in die Hand, drehen es um und lesen den Klappentext.

Macht es jetzt Klick!, dann wird das Buch gekauft und im besten Fall sogar gelesen. Genau diesen Klick!-Effekt wünscht sich jeder Autor, und insofern zählt es zu den Selbstverständlichkeiten im Marketing, einem empfehlenswerten Produkt eine lockende Beschreibung an die Hand zu geben.

Werbefachleute wenden gern die *»AIDA-Regel«* an, um den Erfolg einer werblichen Botschaft zu beschreiben. Diese griffige Formel ist abgeleitet von den Anfangsbuchstaben der englischen Begriffe attention (Aufmerksamkeit), interest (Interesse), desire (Wunsch) und action (Handlung). Sie beschreibt den gewünschten Ablauf beim Empfänger einer Werbebotschaft.

Zuerst muss die **AUFMERKSAMKEIT** der Zielperson erregt werden. Daraufhin wird ihr **INTERESSE** geweckt. Durch geschickte Argumentation geht es des Weiteren darum, einen Wunsch oder ein Bedürfnis im Publikum zu wecken, das wir der Formel zuliebe **DRANG** nennen wollen. All das soll in konkrete **AKTION** münden – in den Kauf des Produkts. Darunter wird eine positive Entscheidung für die umworbene Produktlinie oder Dienstleistung verstanden, die sich im Kauf niederschlägt.

Die AIDA-Regel kann grundsätzlich auf jedes Buch angewandt werden. Dabei spielt es keinerlei Rolle, ob es sich um Berichte, Erzählungen, Reportagen, Romane, Gedichte, Reiseberichte oder Sachbücher handelt. Stets möchte der Urheber seinen Adressaten erreichen und ihn persönlich ansprechen. Ob sein Bemühen fruchtet, steht auf einem anderen Blatt.

Darauf kommt es an: Zuerst umreißen Sie Ihr Ziel. Erregen Sie dann die Aufmerksamkeit Ihres Lesers. In Verbindung damit wecken Sie sein Interesse. Schenken Sie ihm Vertrauen. Wecken Sie seine Wünsche. Verstärken Sie ein Bedürfnis. Verschaffen Sie sich so aktive Unterstützung.

Dale Carnegie, dessen Bücher Millionen Menschen aus allen sozialen Schichten beeinflussen, fasste dieses elementare

Prinzip von Werbung und Verkauf prägnant in folgendem Satz zusammen: *»Erwecken Sie im Anderen ein starkes Bedürfnis.«*

> **Wesentliches Kriterium des Klappentextes ist, dass der Ausgang einer dramatischen Handlung im Exposé unbedingt offenbleibt. Der Leser soll die Auflösung einer Geschichte auf keinen Fall vorab erfahren.**

Vollkommen anders ist das im Exposé, mit dem Sie beispielsweise versuchen, einen Verlag oder eine Filmfirma für Ihr Werk zu gewinnen ...

WIE SCHREIBE ICH EIN EXPOSÉ?

Exposés sind Verkaufspapiere, mit denen ein Autor sein Thema vorstellt, um einen Abnehmer für sein Werk zu begeistern. Ohne sie läuft im Verlagsgeschäft nichts.

Freie Autoren nutzen das Exposé, um ihre Themen einer Redaktion oder einem Lektorat anzubieten. Dabei hängt ihr Erfolg davon ab, ob der Kurztext beim Empfänger gut ankommt und Interesse weckt. Exposés sind Muntermacher für den potentiellen Leser, sie werden zum Strumpfband des Erfolgs. Sie sind der Lockstoff, der dem Empfänger signalisiert: Hier schlummert genau das Manuskript, das du schon so lange suchst!

Ein Exposé macht in wenigen Sätzen auf ein Thema aufmerksam und zeigt die Blickrichtung des Autors. Es fasst den Inhalt eines vorhandenen oder im Entstehen befindlichen Werkes auf möglichst einer Seite zusammen. In kurzen, prägnanten Sätzen informiert es aus der Sicht einer dritten Person über die wichtigsten Aussagen des Werkes.

Die wesentlichen Handlungsstränge werden vorgestellt, und das Genre wird genannt (Reportage, Tatsachenbericht, Erzählung, Roman, Krimi, Sachbuch etc.). Eigennamen, Orts- und Zeitangaben finden nur Erwähnung, sofern dies zwingend ist. Der Ausgang einer dramatischen Handlung wird im Exposé unbedingt geschildert. Darin besteht der entscheidende Unterschied zum oben erwähnten Klappentext.

> **Exposés sind appetitliche Köder, die Autoren auswerfen, um den Leser zum Thema zu locken und Texte zu verkaufen. Redakteure, Lektoren und Gutachter lesen ein Exposé so, als läge das vollständige Manuskript vor ihnen; sie besitzen eine ausgeprägte Vorstellungskraft vom Endprodukt und spüren, ob ein Manuskript anspricht.**

Wer sich beim Verfassen eines Exposés schwertut, stelle sich vor, er telefoniere mit einem Freund. In dem Telefonat hat er knapp zwei Minuten Zeit, zu beschreiben, was in seinem neuesten Werk steht und warum er dieses unbedingt lesen soll. Genau das und nicht mehr soll in einem Exposé stehen.

Gefragt sind stets Sachaussagen, die zum Lesen animieren. Die Lobhudelei kann getrost anderen überlassen bleiben.

Es wirkt eher peinlich, wenn im Exposé eines bislang unbekannten Autors steht, dass ein »Feuerwerk der Sprache«, ein *»Potpourri der Phantasie«* oder ein *»Springquell geistiger Erfrischung«* offeriert wird. Das kann der geschulte Leser selbst feststellen und im Bedarfsfall ergänzen.

Ein gutes Exposé kann kein schlechtes Manuskript retten. Doch ein mieses Exposé kann dazu führen, dass der Empfänger wenig Lust verspürt, in den Text hineinzuschauen, weil bereits das Exposé krude und umständlich verfasst ist.

Ein Exposé macht den Leser neugierig auf das Manuskript. Dabei gilt es, die Waage zwischen reißerischem Klappentext und sachlich-nüchterner Wiedergabe des Inhalts zu halten. Tödlich für ein Exposé sind theoretische Vorüberlegungen zum Text oder Erklärungen zum persönlichen Hintergrund des Autors, sofern sie nicht – beispielsweise beim Sachbuch – zwingend für das Verständnis des Manuskriptangebots sind.

Exposés spielen im Journalismus eine ebenso große Rolle wie im Verlagswesen. Im Wissenschaftsbereich wird ein Exposé gelegentlich *»proposal«* genannt. Auch im Filmgeschäft läuft so gut wie nichts ohne ein aussagekräftiges Exposé.

BENÖTIGT MEIN TEXT EIN KORREKTORAT?

Sie beherrschen die Regeln der Rechtschreibung. Und Sie haben Ihren Text mindestens zwei Mal genau auf Fehler durchsucht. Vor allem haben Sie den alten Trick angewandt, sich Ihr Werk laut vorzulesen, um stilistische Unebenheiten, die den Sprech- und Lesefluss stören, auszugleichen. Trotzdem empfehle ich, zusätzlich einen Korrektor einzuschalten, bevor das Manuskript gestreut wird.

Es gibt Profi-Korrektoren, die sich tagaus, tagein mit Manuskripten beschäftigen und fit sind, wenn es darum geht, den Fehlerteufel das Fürchten zu lehren. Nach meiner Erfahrung profitiert jedes Manuskript davon, wenn ein Korrektor es in die Hand nimmt, und ich meine damit auch Manuskripte hochstudierter Herrschaften. Selbst Deutschlehrer können profitieren, wenn ein fremder Dritter sich ihre Arbeit kritisch ansieht.

Denn es ist so, dass jeder von uns betriebsblind ist für Eigenarten und Fehlerchen, die uns bisweilen unterlaufen. Und es gibt nichts Schlimmeres, als später in einer Rezension abgestraft zu werden, weil Leser sich über Fehler mokieren.

Korrektoren findet man in einschlägigen Selbsthilfegruppen für Autoren, die es wie Sand am Meer gibt. Allerdings ist Korrektor nicht gleich Korrektor. Man sollte schon genau hinsehen und nach Referenzen und Empfehlungen fragen, bevor man einen Wildfremden mit dem Korrektorat beauftragt.

> **Korrektoren werden nach Normseiten oder nach Zeichenzahl bezahlt. Normseiten ermittelt man, indem die Gesamtzeichenzahl einer Arbeit durch 1.500 dividiert wird. Das entspricht einer Seite, die mit 30 Zeilen à 60 Anschlägen (inklusive Leerzeichen) ausgedruckt wird.**

Wird ein Korrektor beauftragt, wird vorher festgelegt, was genau er korrigieren soll. Manche Korrektoren unterbreiten auch stilistische Vorschläge – hier überschneidet sich das Berufsbild mit dem des Lektors. Mit den Korrekturfunktionen, die Programme wie Word oder Papyrus haben, lassen sich die einzelnen Korrekturen im Manuskript nach Abschluss der Arbeit annehmen oder verwerfen. Der Vorteil dieser Arbeitsweise besteht darin, dass Korrekturen nicht übertragen werden müssen, was wiederum zu neuen Fehlerquellen führen kann.

In manchen Fällen ist ein zweiter Korrekturgang empfehlenswert. Dies bietet sich dann an, wenn es zu stilistischen Überarbeitungen kommt. Trotz alledem ist ein Korrektor kein Gott, auch er übersieht Fehler.

Aber der entscheidende Punkt ist, dass ein Text geschmeidig gelesen werden kann, ohne dass der Leser mehrmals pro Seite über Fehler stolpert. Dieses Buch wurde Korrektur gelesen, aber ich bin sicher, dass es hier und dort Schnitzer gibt, den alle Beteiligten übersehen haben. Und wer einen Fehler findet, der behalte ihn nicht, sondern informiere mich. In der nächsten Auflage wird er garantiert beseitigt, und hunderte Leser werden es danken!

Wer die Romane mancher Selfpublisher liest, weiß, wovon ich rede. Es dauert meistens nicht lange, und die Leserschaft beschwert sich. Argumente des Autors wie *»Ich wollte doch erst mal nur sehen, ob mein Text ankommt«*, sind dem Ruf der ganzen Branche abträglich und helfen dem Einzelnen nicht weiter. Denn wer will Bücher kaufen und lesen, die vor Fehlern strotzen?

> Merke: Die Veröffentlichung eines unkorrigierten Textes ist eine Beleidigung des Lesers, die kurz oder lang auf den Verfasser zurückfällt.

SOLL ICH EINEN LEKTOR NUTZEN?

Der amerikanische Indie-Autor Mark Dawson hatte mehrere hunderttausend seiner 20 schwarzen Krimis verkauft, als er Post von Amazon erhielt. Seine Bücher enthielten zu viele Fehler, künftig werde ein Warnhinweis Leser vorab über Qualitätsprobleme informieren. Was ein solcher Hinweis bedeutet, kann sich Dawson an fünf Fingern abzählen: Die Verkäufe dürften gen null tendieren. Im Extremfall droht der Vertrieb damit, die Bücher vom Markt zu nehmen.

Tatsächlich richtete Amazon als größter Vertriebskanal verlagsunabhängiger Autoren am 2. Februar 2016 eine derartige Warnfunktion ein. Diese gilt zwar erst einmal nur für den amerikanischen Markt, es ist aber nur eine Frage der Zeit, bis die Regelung im deutschsprachigen Markt eingesetzt wird. Nun kann man getrost darüber streiten, ob eine derartige Funktion ein zweischneidiges Schwert ist oder

der Durchsetzung eines gewissen Qualitätsniveaus dient. Fakt ist, dass derzeit viele Bücher mit einer teilweise unterirdischen Rechtschreibung und Grammatik unterwegs sind. Beim Einsatz eines Lektors oder Korrektors wäre das anders.

Ich halte eine Menge von Lektoren und nutze gern deren Fähigkeiten. Denn ein Lektor schaut mit professioneller Genauigkeit auf den Text. Er prüft, ob Figuren, die eingeführt wurden, wieder ausgeführt werden. Er kontrolliert Maßangaben, Jahreszahlen und Sachbehauptungen. Er bemerkt sachliche Fehler wie die berühmte Geschichte, in der die Protagonistin drei Steine am Strand sammelte und daheim sieben aufs Fensterbrett legte.

> **Der Lektor prüft, ob der Inhalt logisch aufgebaut, sachlich und aktuell ist. Er achtet darauf, ob die verwendeten Zahlen und Fakten plausibel sind. Er kontrolliert die grammatikalische Richtigkeit, den Stil und die Einhaltung fester Redewendungen.**

Mein Lektor Johannes Flörsch kennt meine Schwächen. Beispielsweise erzähle ich in einigen Texten von der versunkenen DDR und benutze dabei die seinerzeit gängige Terminologie. Als eingefleischter Wessi achtete er genau darauf, ob Abkürzungen und (dort) übliche Redewendungen von den Lesern der alten Bundesländer verstanden werden.

In seinem Blog beschreibt Flörsch die Rolle des Lektors so: *»Der Lektor kommt nicht etwa deshalb ins Spiel, weil er dem Manuskript einen Mangel angedichtet hat, sondern weil sich die Liebe einen Weg ins Leben bahnt: die Liebe des Autors zu seinem Manuskript. Manchmal ist der Lektor der erste Mensch, dem der Autor und sein Manuskript begegnen. Und so kann die Antwort des Lektors nur Liebe sein. Auch wenn sich das merkwürdig anhören mag.«*

Den richtigen Lektor zu finden ist schwierig. Hilfestellung bekommt man über den Verband freier Lektorinnen und Lektoren (Vfll.de). Vor Arbeitsbeginn sollte mit dem Auftragnehmer unbedingt genau geklärt werden, was geprüft und korrigiert werden soll.

In manchen Fällen beinhaltet das Lektorat gleichzeitig ein Korrektorat. Auch dieser Leistungsumfang will besprochen werden, denn er spielt für die späteren Kosten eine Rolle.

Hat man indes einen Verlag für sein Buch gefunden, dann gehören Korrektorat und Lektorat zu den selbstverständlichen Leistungen, die im Rahmen eines Verlagsvertrages erbracht werden.

WIE SPRECHE ICH EINEN VERLAG AN?

Ein Geheimrezept, wie ein Verlag anzusprechen ist, gibt es nicht. Es gibt lediglich eine klare Empfehlung: Auf keinen Fall sollte man seinen Ansprechpartner gleich mit einem vollständigen Manuskript überraschen.

Aus meiner Arbeit als Verleger erinnere ich mich an kunstvoll verknüpfte Konvolute bedruckten Papiers, aus denen abgestandener Nikotingeruch emporstieg. Mir wurde schon übel, bevor ich die erste Seite aufgeschlagen hatte.

Ich erinnere mich an vollmundige Verpflichtungserklärungen, die von Autoren ihren Manuskripten beigefügt wurden. Danach sollte ich unterschreiben, auf keinen Fall irgendjemandem vom Inhalt der Sendung Kenntnis zu geben, um möglichen Ideendiebstahl zu verhindern!

Auf Buchmessen wurden mir mit feierlicher Miene Manuskripte überreicht, als überreiche man mir den Schatz des

Priamos. Dazu flüsterten mir ältere Herren ins Ohr, ihr Opus übertreffen das von Goethe bei weitem ... Sogar handschriftliche Manuskripte, besonders im Lyrikbereich, waren durchaus an der Tagesordnung, bei denen ich mich fragte, ob der Absender an eine Sicherungskopie gedacht hatte.

Ein mittelgroßer Verlag bekommt zwischen zehn und 15 Einsendungen pro Tag. Beim Bertelsmann-Konzern sollen es Hunderte sein. Täglich! Wenn dabei schon das Auspacken zur Kraftanstrengung wird, lässt sich einsehen, dass man es den Kollegen, die mit der Eingangspost kämpfen, so leicht wie möglich macht.

> **Eins sollte dabei klar sein:**
> **Wer sein Manuskript aus der Hand gibt, verfügt immer über eine Kopie. Das unaufgeforderte Versenden von Manuskripten wird als Besitzaufgabe verstanden. Es gibt keinen Rechtsanspruch auf Rücksendung, und nur wenige Verlage schicken Manuskripte automatisch wieder zurück.**

Im Gegenteil. Sie befördern sie kurzerhand in den Papierkorb, wenn kein Interesse besteht. Im besten Fall bekommt der Einsender einen Standardbrief, dass sein Opus für das aktuelle Verlagsprogramm leider ungeeignet ist.

Aus den vorgenannten Gründen empfehle ich, kein vollständiges Manuskript einzusenden. Besser ist, neben einem Anschreiben, in dem der Autor sich und sein Genre kurz beschreibt, ein aussagefähiges Exposé von maximal anderthalb Seiten Umfang beizulegen.

Wenn das zündet, wird sich ein Verlagsmitarbeiter melden und das vollständige Manuskript oder eine ausführliche Leseprobe zur unverbindlichen Begutachtung anfordern. Ob es dann zu einem Verlagsvertrag kommt, steht auf einem anderen Blatt.

Ein weiterer Weg, einen Verlag zu finden, führt über Literaturagenten ...

HELFEN LITERATUR-AGENTEN WEITER?

Agenten fungieren als Spreu-vom-Weizen-Trenner. Wenn sie etwas vertreten, müssen sie an den Autor und seine Buchidee glauben, um ihre Ansprechpartner in den Lektoraten zu überzeugen. Dabei ist ihnen bewusst, sich nur für einige wenige Projekte voll einsetzen zu können. Gabi Strobel, Literatur- und Medienagentin, brachte das in einem Beitrag in der »Federwelt« auf den Punkt: *»Ich fürchte, oft setzt sich Qualität deswegen nicht durch, weil sie gar nicht mehr wahrgenommen wird.«*

Es ist in Wirklichkeit ebenso schwierig, einen fähigen Agenten zu finden, der sich für den jeweiligen Autor einsetzt, wie es der Suche nach der Nadel im Heuhaufen gleicht, einen geeigneten Verleger zu finden. Dabei ist es aber effektiver, einen Agenten zu suchen als einen Verleger. Das hat schon damit zu tun, dass sich viele Verlage heutzutage professioneller Vermittler bedienen, die den Markt sondieren und nach geeigneten Partnern für Buchehen suchen. Der amerikanische Markt macht es vor. Vielen Schreibern halten Agenten auf der anderen Seite als Insider und Drahtzieher den Rücken frei, was das Pokern um Verträge, Prozente, Lesereisen, Verfilmungen, Übersetzungen betrifft. Insofern ist ihre Rolle nicht zu unterschätzen.

Eine Literaturagentur lebt davon, erfolgversprechende Manuskripte zu finden und an passende Verlage zu vermitteln. Die Verlage freuen sich, einen Teil der Arbeit, die früher Eingangslektorate leisteten, *»outzusourcen«*, wie es grässlich neudeutsch heißt. Gemeint ist damit, dass einzelne Arbeitsfelder aus wirtschaftlichen Gründen ausgelagert und auf Dienstleister übertragen werden. Deshalb finden sich immer wieder Mitarbeiter aus den Lektoraten in Literaturagenturen wieder, weil sie die Bedürfnisse der von ihnen betreuten Verlage gut kennen und über entsprechende Kontakte verfügen. Adressen von Literaturagenturen findet man beispielsweise in Sandra Uschtrins empfehlenswerten *»Handbuch für Autoren«*, das immer wieder neu aufgelegt und fortgeschrieben wird.

Hanni Münzer, eine der erfolgreichsten Selfpublisherinnen der letzten Jahre, hat beispielsweise von Anfang an auf die Vermittlung der Literaturagentin Liane Kolff gesetzt und sie mit der Wahrnehmung der Printrechte ihrer Titel beauftragt. Münzers Titel *»Honigtot«* befand sich mehr als 200 Tage in den Top 100. Anno 2014 verkaufte sie 250.000 Stück als E-Book und 20.000 Paperbacks über Amazons Paperback-Service CreateSpace. Sie war damit die erfolgreichste Autorin bei CreateSpace.

> **Im April 2015 erschien »Honigtot« als Spitzentitel im Piper Verlag in einer Startauflage von 100.000 Exemplaren zum Preis von € 9,99. Die Agentin der Autorin hatte dazu einen Vorschuss ausgehandelt, der sich sehen lassen kann. Die Entscheidung, es mit einem Agenten zu versuchen, war in Hanni Münzers Fall goldrichtig.**

SOLL ICH EINEN DIENSTLEISTER BEAUFTRAGEN?

Wer vergeblich auf die Suche nach einem Verlag oder einem Agenten gegangen ist, wer der Erfüllung seines Traums vom eigenen Buch keinen Millimeter nähergekommen ist, der ist für Dienstleister empfänglich. So gibt es Dienstleisterverlage, die vom Coaching des Autors über das Lektorat des Manuskriptes bis hin zur Veröffentlichung alles aus einer Hand bieten. Die Firma BoD aus Norderstedt ist der größte Anbieter dieser Art im deutschsprachigen Raum.

Was auf den ersten Blick verführerisch klingt, hat seinen Preis. Denn so wie die Beauftragung eines Lektors, eines Korrektors, eines Grafikers etc. Geld kostet, so verlangt derjenige, der alle Leistungen aus einer Hand bietet, kaum weniger als die Summe all dieser Teilleistungen. Und da kommen dann schnell ein paar tausend Taler zusammen.

> **Der Vorteil, einen Dienstleister zu beauftragen, liegt darin, einen kompetenten Ansprechpartner zu haben. Außerdem ist die Wahrscheinlichkeit, mit hoher Professionalität bedient zu werden, groß, sofern das Unternehmen schon länger am Markt aktiv ist und entsprechende Referenzprojekte vorweisen kann.**

Der Nachteil ist, dass ein Dienstleister meistens nicht viel dafür tun kann, das Buch später auch zu verkaufen. Denn die Dienstleistung bezieht sich auf die Herstellung und das In-den-Handel-Bringen. Es werden also alle Voraussetzungen dafür geschaffen, dass ein Buch vom Endverbraucher bestellt und gekauft werden kann. Dies bedeutet aber nicht, dass ein Titel verkauft wird. So sind nach allen Erfahrungen nur wenige Titel von Dienstleistern erfolgreich.

Wer darüber nachdenkt, Dienstleister zu beauftragen, der sollte vorab fragen, welche Titel des Anbieters auf den Bestsellerlisten rangieren und wie es dazu gekommen ist. Sonst platzt der Traum vom eigenen Buch später wie eine Seifenblase.

WARUM SOLLTE ICH ALLES SELBST MACHEN?

Im Zuge des Selfpublishings ist es heute üblich, sein Buch komplett selbst zu machen und als eigener Verleger aufzutreten. Genau das bedeutet nämlich Selfpublishing: Selbst-Verlegen. Vollkommene Gestaltungsfreiheit im Rahmen der geltenden Gesetze ist das entscheidende Argument dafür, diesen Weg zu gehen.

Vorteil ist neben der Gestaltungsfreiheit der maximal mögliche Erlös, Nachteile sind der extrem hohe Arbeitsaufwand und das Erfordernis von entsprechenden Fachkenntnissen. Diese kann man sich natürlich Stück für Stück einkaufen, indem man geeignete Anbieter beauftragt.

Die Entwicklung des Selfpublishings in Deutschland hat mit der Einführung von E-Books im April 2011 einen enormen Sprung gemacht. Weit über hunderttausend Autoren stürmten den Markt und präsentierten ihre Bücher. Vor allem in den ersten Jahren gab es Erfolgsstorys selbst für Titel, die nicht sorgfältig redigiert worden waren. Das hat sich geändert. Der Leser ist anspruchsvoller geworden und schaut sich genau an, was er sich auf seinen Reader lädt.

> **Um ein E-Book herzustellen, gibt es verschiedene Programme. Beliebt sind das kostenlose Calibre und das kostenpflichtige Jutoh. Auch aus Schreibprogrammen wie Papyrus und Scrivener lassen sich mittlerweile die erforderlichen Dateiformate exportieren.**

Die für die meisten Autoren größte Herausforderung beim Formatieren eines E-Books ist die Erstellung eines interaktiven Inhaltsverzeichnisses. Das lässt sich in den verschiedenen Programmen inzwischen einfach lösen. In meinem Buch *»Kindle für Autoren oder Wie veröffentliche ich ein Buch auf amazon.de«* habe ich Schritt für Schritt beschrieben, wie es mit Word gemacht wird. Die Münchener Romance-Autorin Sybille Kolar schrieb mir, sie fühle sich *»wie Supergirl«*, weil ihr das Buch geholfen habe, ein derartiges Verzeichnis zu erstellen.

Die meisten Autoren möchten ihr Buch aber konkret in Händen halten und geben dem klassischen Papierbuch den Vorzug. Auch da existieren inzwischen Möglichkeiten. An erster Stelle steht Amazon. Hierzu wird ein PDF des Buches erstellt und hochgeladen. Dieses liegt dann auf den Servern des Versandbuchhändlers und kann von jedermann bestellt werden. Aufgrund einer ausgeklügelten Technologie ist es möglich, die gewünschte Zahl Bücher sofort herzustellen und dem Kunden am nächsten Tag auf den Tisch zu legen. Die Herstellung einer größeren Menge Bücher, die in Lagern auf ihren Abruf warten und derweil Kosten produzieren, entfällt damit.

12 GOLDENE REGELN FÜR EIN MANUSKRIPT

»Animieren Sie Ihre Leser um Himmels willen nicht, noch mehr Manuskripte einzusenden«, kommentierte die Cheflektorin eines angesehenen Literaturverlages meine Ankündigung, diesen Ratgebertext veröffentlichen zu wollen. *»Wir ertrinken doch jetzt schon in Texten, und Sie wissen das aus eigener Praxis ganz genau.«*

Als oberstes Gebot sollte deshalb stehen, keine Manuskripte unverlangt einzusenden. Ein Manuskript wird erst dann zum Verlag geschickt, wenn dieser dazu nach einer Diskussion über Thema und Exposé ausdrücklich einlädt. Dann allerdings sollte das Manuskript professionell aussehen.

Es gibt zwölf goldene Regeln, wer sie beherzigt, dessen Manuskript wirkt professionell und überzeugt.

Regel 1
Schreiben bzw. drucken Sie stets einseitig auf weißes DIN-A4-Papier.

Regel 2
Schreiben Sie eineinhalb- oder zweizeilig und auf jeder Seite gleich viele Zeilen.

Regel 3
Kennzeichnen Sie Absätze durch eingerückte Zeilenschaltungen statt durch Leerzeilen. Diese strecken das Manuskript unnötig und sollten nur dann eingefügt werden, wenn damit zeitliche oder gedankliche Sprünge gekennzeichnet werden.

Regel 4
Lassen Sie ringsum genügend Papierrand, damit Satzanweisungen und Vorauskorrekturen vermerkt werden können.

Regel 5
Schreiben Sie mit einer durchschnittlichen Zeilenlänge von 60 Anschlägen. (Anschläge sind Buchstaben, Zahlen und Interpunktionszeichen zuzüglich Leer- und Trennzeichen.) Dies entspricht der gängigen Druckzeilenlänge in Büchern.

Regel 6
Schreiben Sie auf jede Seite Ihres Manuskriptes eine fortlaufende Seitenzahl.

Regel 7
Kennzeichnen Sie neue Kapitel beziehungsweise abgeschlossene Erzählungen oder Gedichte eindeutig durch eine fortlaufende Nummerierung oder entsprechende Überschriften, und beginnen Sie sie jeweils auf einer neuen Manuskriptseite.

Regel 8
Fertigen Sie ein Inhaltsverzeichnis anhand der verwendeten Kapitel- beziehungsweise Episodenüberschriften im Text. Ein Inhaltsverzeichnis bezeichnet die vorhandenen Teile eines Werkes in der richtigen Reihenfolge.

Regel 9
Prüfen Sie die einheitliche Schreibweise für Abkürzungen, Eigennamen, Daten, Uhrzeiten und Ähnlichem.

Regel 10
Vermeiden Sie handschriftliche Korrekturen und Ergänzungen. Zwingende Korrekturen sind stets auf der Schriftseite auszuführen, damit sie gesehen werden. Ihr Manuskript muss gut leserlich sein.

Regel 11
Berechnen Sie den Umfang Ihres Manuskriptes. Während Computerprogramme die Zeichenzahl automatisch ermitteln, muss ein maschinenschriftliches Manuskript ausgezählt sein. Zählen Sie die Anschläge (Buchstaben, Zahlen, Satzzeichen und Leerzeichen) einer durchschnittlich langen Manuskriptzeile. Diese multiplizieren Sie mit der Zeilenzahl je Seite und der Anzahl der Manuskriptseiten. Bei 60 Anschlägen je Zeile, 30 Zeilen je Seite und 200 Manuskriptseiten ergibt dies zum Beispiel 360.000 Anschläge (60 x 30 x 200). Bei Gedichten ist aufgrund des speziellen Zeilenfalls das Auszählen des Manuskriptes entbehrlich.

Regel 12
Fertigen Sie unabhängig vom Anschreiben ein Deckblatt, auf dem Sie Ihren Namen samt vollständiger Adresse, Ihren Künstlernamen (Pseudonym), den Titel und Untertitel des Werkes, sein Genre (zum Beispiel Roman, Erzählung, Thriller, Naturgedichte, Sachbuch) und den Umfang (Gesamtzeichenzahl) vermerken. Wenn Sie mit einem PC arbeiten, benennen Sie die verwendete Software und schreiben: Text steht zur Datenübernahme bereit.

Diese zwölf goldenen Empfehlungen für die optimale Aufbereitung eines Textmanuskriptes haben es in sich. Das wird jeder, der einmal versucht hat, ein Manuskript regelgerecht zusammenzustellen, bestätigen. Befolgen Sie sie Punkt für Punkt gewissenhaft und gründlich. Dann rücken Sie im literarischen Monopoly-Spiel zielsicher auf Los vor.

SOLL ICH MEIN MANUSKRIPT BEBILDERN?

Ein Bild sagt mehr als tausend Worte, heißt es. Diese Wahrheit erkennen selbst diejenigen an, denen Worte alles bedeuten. Manche Sachverhalte lassen sich mit Bildern besser darstellen. Für andere braucht man das Wort.

Zahlreiche Werke gewinnen durch Bilder, Graphiken und Tabellen. Hinsichtlich der Bebilderung eines Textes tauchen im Vorfeld Fragen auf. Abbildungen, insbesondere mehrfarbige, erhöhen einerseits die Produktionskosten erheblich, verbessern andererseits aber die Marktchancen eines Buches. An diesem Punkt gehört Fingerspitzengefühl seitens des Autors dazu, die richtige Entscheidung zu treffen.

Lebendig geschriebene Romane und Erzählungen verzichten in fast allen Bereichen auf zusätzliche Bildinformationen. Ein Gedichtband hingegen kann die eine oder andere zarte Federzeichnung vertragen. Bei Kinderbüchern spielt, abhängig vom Lesealter, das Bild die Hauptrolle. Reise- und Abenteuerberichte dokumentieren mit Fotos ihren Wahrheitsgehalt. Autobiographien werden durch Bilddokumente aufgelockert. Wissenschaftliche Texte werden durch Tabellen und Diagramme benutzerfreundlicher gestaltet.

Wer Fotos verwenden will, muss Inhaber der Rechte sein. Fotos »aus dem Internet« sind grundsätzlich nicht rechtefrei, sie können nicht verwendet werden. Wer Fotos veröffentlicht, ohne die erforderlichen Rechte zu besitzen, muss mit Forderungen in vielfacher Höhe des normalen Bildhonorars rechnen.

> **Auf der sicheren Seite ist derjenige, der sich schriftlich vom Inhaber der Rechte genehmigen lässt, dass die Abbildungen im Rahmen einer Veröffentlichung genutzt werden dürfen.**

Das gilt auch für das Autorenfoto, das man auf jeden Fall zur Hand haben sollte. In vielen Fällen erscheint ein Porträt des Verfassers, versehen mit ein paar biographischen Angaben, auf der Buchrückseite. Autorenfotos können auch für die eigene Homepage benötigt werden, und manch ein Journalist ist froh, wenn er Material zur Bebilderung seines Artikels bekommt. Das aber setzt unbedingt voraus, dass die Verwendung der Aufnahme kostenfrei möglich ist, denn keine Zeitung zahlt für Werbeaufnahmen.

Autorenfotos können Porträts am Arbeitsplatz sein oder in Zusammenhang mit dem behandelten Buchinhalt stehen. Dabei sollten Bild und Text miteinander korrespondieren. Ein Südseeroman dürfte kaum zu einem Autorenporträt im Skianzug passen. Auch das sterile Bewerbungsfoto aus dem Fotoautomaten ist selten gut genug, um Sympathie für den Autor zu erwecken. Denn genau das soll doch geschehen: Der Leser soll angesichts des Fotos ein gesteigertes Interesse haben, das Buch zu lesen. Wer in dieser Hinsicht unsicher ist, lässt sich kompetent beraten (und damit meine ich keine Anfrage auf Facebook) oder verzichtet auf das Porträt.

BENÖTIGE ICH EIN PSEUDONYM?

Pseudonyme sind Phantasienamen, unter denen Künstler öffentlich auftreten. Es besteht keine Verpflichtung, seinen Klarnamen zu offenbaren.

Der Comedian Atze Schröder ist bekannt dafür, alle gerichtlich zu verfolgen, die darüber informieren, wie der Herr aus Emsdetten denn mit bürgerlichem Namen heißt. Die BILD-Zeitung bekam sogar einen Prozess, weil sie den Herrn ohne den Wischmopp zeigte, den er als Perücke trägt. Dieser krasse Fall zeigt, wie wichtig es manchen Künstlern ist, ihre Privatsphäre zu schützen und sich als Kunstfigur davon abzusetzen.

Jeder, der ein Pseudonym verwendet, ist frei in der Entscheidung, ob er es als geschlossenes oder offenes Pseudonym nutzt. In Verlagsverträgen wird üblicherweise darauf hingewiesen, wenn Sabine Müller-Rosenstrauch unter dem Pseudonym »Angel Fire« veröffentlicht und das Pseudonym geschlossen bleiben soll. In dem Fall ist der Verlag verpflichtet, sich an die vereinbarte Geheimhaltung zu halten, und muss seine Mitarbeiter entsprechend instruieren.

Max Frisch schrieb zum Stichwort in *»Biedermann und die Brandstifter«: »Die beste und sicherste Tarnung ist immer noch die blanke und nackte Wahrheit. Komischerweise. Die glaubt niemand.«*

Kompliziert wird es beim ersten Interview. Denn Journalisten wollen gern hinter die Dinge schauen und wissen, wer hinter der aufgesetzten Fassade steckt. Treffen in den eigenen vier Wänden sind dann nicht möglich, Hotels und Restaurants wären in einem derartigen Fall die geeigneten Plätze für ein Gespräch. Schwierig wird es schon bei der Weitergabe von Telefonnummern und E-Mail-Adressen.

Wer sich perfekt abschirmen will, muss für all diese Eventualitäten gerüstet sein. Dazu gehören neben dem eigenen Telefonanschluss eine entsprechende Bankverbindung, denn an wen sollen Honorare gezahlt werden, wenn ein Pseudonym gewählt wird?

Deshalb wird es in den meisten Fällen praktischer sein, den Namen offenzuhalten, denn es dauert meistens so oder so nicht lange, bis jemand den Klarnamen herausfindet. In ganz wenigen Fällen, z. B. bei B. Traven, ist es bis heute nicht gelungen, den Klarnamen zu ermitteln. Dabei fahndeten Kohorten von Literaturwissenschaftlern nach dem tatsächlichen Namen des Autors von *»Das Totenschiff«* und anderen Bestsellern.

Im Impressum eines Buches wird vom Gesetzgeber eine zustellfähige Adresse verlangt. Handelt es sich um eine Verlagsveröffentlichung, erscheinen Name und Anschrift des Verlages. Bei einem im Selfpublishing veröffentlichten Werk sind Name und Adresse des Autors anzugeben. Alles andere wäre ein Verstoß gegen geltendes Presserecht. Wer in solchen Fällen sein Pseudonym schützen will, wählt die Adresse eines Rechtsanwaltes oder Steuerberaters, der Empfangsvollmacht hat und den Autor im Außenverhältnis vertritt. Dies dürfte mit Kosten verbunden sein.

> **Pseudonyme sollten ebenso einzigartig sein wie Buchtitel. Sie genießen zwar nur in den seltensten Fällen Markenschutz, aber wer meint, sich »James Bond« oder »Stephen King« nennen zu wollen, ist schlecht beraten.**

Wer sich tiefer in die Frage des Pseudonyms einlesen möchte, findet in meinem Ratgeber *»Wie nutze ich ein Psyeudonym richtig?«* Antworten.

WAS MUSS ICH ÜBER DAS IMPRESSUM WISSEN?

Jeder, der ein Buch veröffentlicht, geht in die Öffentlichkeit und hat sich dieser Öffentlichkeit zu stellen. Dazu gehört ein rechtlich einwandfreies Impressum. Bei Verlagsveröffentlichungen ist dies eine Selbstverständlichkeit, ich habe nie von einem Verlag gehört, der darauf verzichten würde, denn das Impressum trägt dazu bei, die Rechtsansprüche zu sichern.

Im Selfpublishing glaubt der ein oder andere, auf ein Impressum verzichten zu können. Dies ist eine Fahrlässigkeit, die ein gerichtliches Nachspiel haben kann. Dass eine Impressumspflicht besteht, ist doch verständlich. Es muss für jedermann zu erkennen sein, wer haftbar für Inhalte oder Urheberrechtsverstöße ist, wem Entscheidungen beispielsweise zu Einstweiligen Verfügungen oder Beschlagnahmen zugestellt werden sollen.

Strittig ist in Fachkreisen die Frage, ob das Telemediengesetz oder das jeweilige Presserecht der Länder greift. Die Verkehrsauffassung scheint E-Books als digitale Erscheinungsform gedruckter Bücher zu verstehen. Darauf deuten die Anwendung der Buchpreisbindung, die mögliche Vergabe von ISBN und die Möglichkeit der Ablieferung bei der Deutschen Nationalbibliothek (DNB) hin.

> **Laut Telemediengesetz brauchen geschäftsmäßige, in der Regel gegen Entgelt angebotene Teledienste ein Impressum. Ist kein Impressum vorhanden, riskiert der Verleger eine Abmahnung.**

Bereits im alten Teledienstegesetz (TDG) war verankert, dass jede geschäftsmäßige Webpräsenz im Internet eine Anbieterkennung enthalten muss. Dieses Gesetz wurde zum 1. März 2007 durch das Telemediengesetz abgelöst.

Das aktuelle Telemediengesetz (TMG) sieht eine ähnliche Regelung wie das TDG vor: Die allgemeinen Informationspflichten, darunter die Impressumspflicht, gelten nach

§ 5 nur »für geschäftsmäßige, in der Regel gegen Entgelt angebotene Telemedien«. Die aktuelle Formulierung bedeutet nicht, dass nichtkommerzielle Betreiber von der Kennzeichnungspflicht ausgenommen wären, nur weil ihre Online-Angebote kostenlos sind.

§ 5 TMG legt die folgenden allgemeinen Informationspflichten fest:

(1) Diensteanbieter haben für geschäftsmäßige, in der Regel gegen Entgelt angebotene Telemedien folgende Informationen leicht erkennbar, unmittelbar erreichbar und ständig verfügbar zu halten:

1. den Namen und die Anschrift, unter der sie niedergelassen sind, bei juristischen Personen zusätzlich die Rechtsform, den Vertretungsberechtigten und, sofern Angaben über das Kapital der Gesellschaft gemacht werden, das Stamm- oder Grundkapital sowie, wenn nicht alle in Geld zu leistenden Einlagen eingezahlt sind, der Gesamtbetrag der ausstehenden Einlagen,

2. Angaben, die eine schnelle elektronische Kontaktaufnahme und unmittelbare Kommunikation mit ihnen ermöglichen, einschließlich der Adresse der elektronischen Post,

3. soweit der Dienst im Rahmen einer Tätigkeit angeboten oder erbracht wird, die der behördlichen Zulassung bedarf, Angaben zur zuständigen Aufsichtsbehörde,

4. das Handelsregister, Vereinsregister, Partnerschaftsregister oder Genossenschaftsregister, in das sie eingetragen sind, und die entsprechende Registernummer,

5. soweit der Dienst in Ausübung eines Berufs im Sinne von Artikel 1 Buchstabe d der Richtlinie 89/48/EWG des Rates vom 21. Dezember 1988 über eine allgemeine Regelung zur Anerkennung der Hochschuldiplome, die eine mindestens dreijährige Berufsausbildung abschließen (ABl. EG Nr. L 19 S. 16), oder im Sinne von Artikel 1 Buchstabe f der Richtlinie 92/51/EWG des Rates vom 18. Juni 1992 über eine zweite allgemeine Regelung zur Anerkennung beruflicher Befähigungsnachweise in Ergänzung zur Richtlinie 89/48/EWG (ABl. EG Nr. L 209 S. 25, 1995 Nr. L 17 S. 20), zuletzt geändert durch die Richtlinie 97/38/EG der Kommission vom 20. Juni 1997 (ABl. EG Nr. L 184 S. 31), angeboten oder erbracht wird, Angaben über a) die Kammer, welcher die Diensteanbieter angehören,

b) die gesetzliche Berufsbezeichnung und den Staat, in dem die Berufsbezeichnung verliehen worden ist,

c) die Bezeichnung der berufsrechtlichen Regelungen und dazu, wie diese zugänglich sind,

6. in Fällen, in denen sie eine Umsatzsteueridentifikationsnummer nach § 27a des Umsatzsteuergesetzes oder eine Wirtschaftsidentifikationsnummer nach § 139c der Abgabenordnung besitzen, die Angabe dieser Nummer,

7. bei Aktiengesellschaften, Kommanditgesellschaften auf Aktien und Gesellschaften mit beschränkter Haftung, die sich in Abwicklung oder Liquidation befinden, die Angabe hierüber.

In den 16 Landespressegesetzen der Bundesrepublik Deutschland ist eindeutig geregelt, dass auch für E-Books und Selbst-Verleger eine Impressumspflicht besteht. In diesen Gesetzen wird für das jeweilige Bundesland festgelegt, wie ein Impressum beschaffen sein muss. Dass eine Impressumspflicht besteht, ist dabei unbestritten. Es gibt lediglich hinsichtlich der Genauigkeit der ladungsfähigen Anschrift kleine Unterschiede. In Berlin beispielsweise reicht die Angabe des Wohnorts. Hier die einschlägigen Formulierungen aus den entsprechenden Gesetzen in länderalphabetischer Reihenfolge:

Baden-Württemberg

§ 8 Impressum. (1) Auf jedem im Geltungsbereich dieses Gesetzes erscheinenden Druckwerk müssen Name oder Firma und Anschrift des Druckers und des Verlegers, beim Selbstverlag des Verfassers oder des Herausgebers, genannt sein.

Bayern

Art. 7 [Impressum]. (1) Auf jedem in Bayern erscheinenden Druckwerk muss der Drucker und Verleger, beim Selbstverlag der Verfasser oder Herausgeber genannt sein. Anzugeben sind Name oder Firma und Anschrift.

Berlin

§ 7 Impressum. (1) Auf jedem im Geltungsbereich dieses Gesetzes erscheinenden Druckwerk müssen Name oder Firma und Wohnort oder Geschäftssitz des Druckers und des Verlegers, beim Selbstverlag des Verfassers oder des Herausgebers, genannt sein.

Brandenburg

§ 8 Impressum. (1) Auf jedem im Geltungsbereich dieses Gesetzes erscheinenden Druckwerk müssen Name oder Firma und Anschrift der Druckerin oder des Druckers und der Verlegerin oder des Verlegers, beim Selbstverlag der Verfasserin oder des Verfassers oder der Herausgeberin oder des Herausgebers, genannt sein.

Bremen

§ 8 Impressum. (1) Auf jedem im Geltungsbereich dieses Gesetzes erscheinenden Druckwerk müssen Name oder Firma und Anschrift des Druckers und des Verlegers, beim Selbstverlag Name und Anschrift des Verfassers oder des Herausgebers genannt sein.

Hamburg

§ 8 Impressum. (1) Auf jedem in der Freien und Hansestadt Hamburg erscheinenden Druckwerk müssen Name oder Firma und Anschrift des Druckers und des Verlegers, beim

Selbstverlag die des Verfassers oder des Herausgebers genannt sein.

Hessen

§ 6 [Impressum]. Auf jedem im Geltungsbereich dieses Gesetzes erscheinenden Druckwerk sind Name und Anschrift des Druckers und, wenn das Druckwerk zur Verbreitung bestimmt ist, des Verlegers oder – beim Selbstvertrieb – des Verfassers oder Herausgebers zu nennen. Der Drucker kann statt mit seinem Namen auch mit seiner handelsgerichtlich eingetragenen Firma genannt werden. Wird der Verleger unter einer handelsgerichtlich eingetragenen Firma tätig, so sind Namen und Anschrift der Vertretungsberechtigten zu nennen.

Mecklenburg-Vorpommern

§ 7 Impressum. (1) Auf jedem im Lande Mecklenburg-Vorpommern erscheinenden Druckwerk müssen Name oder Firma und Anschrift des Druckers und des Verlegers, beim Selbstverlag die des Verfassers oder des Herausgebers genannt sein.

Niedersachsen

§ 8 Impressum. (1) Auf jedem im Geltungsbereich dieses Gesetzes erscheinenden Druckwerk müssen Name oder Firma und Anschrift des Druckers und des Verlegers genannt sein, beim Selbstverlag Name und Anschrift des Verfassers oder des Herausgebers.

Nordrhein-Westfalen

§ 8 Impressum. (1) Auf jedem im Geltungsbereich dieses Gesetzes erscheinenden Druckwerk müssen Name oder Firma und Anschrift des Druckers und des Verlegers, beim Selbstverlag des Verfassers oder des Herausgebers, genannt sein.

Rheinland-Pfalz

§ 9 Impressum, Programmverantwortlichkeit, Auskunftspflicht. (1) Auf jedem in Rheinland-Pfalz erscheinenden Druckwerk müssen Name oder Firma und Anschrift derjenigen Personen genannt sein, die das Werk gedruckt und verlegt haben, beim Selbstverlag derjenigen Personen, die das Werk verfasst haben oder herausgeben.

Saarland

§ 8 Impressum, Programmverantwortlichkeit, Auskunftspflicht, Beschwerderecht. Auf jedem im Geltungsbereich dieses Gesetzes erscheinenden Druckwerk müssen Name oder Firma und Anschrift der Druckerin oder des Druckers und der Verlegerin oder des Verlegers, beim Selbstverlag der Verfasserin oder des Verfassers oder der Herausgeberin oder des Herausgebers, genannt sein.

Sachsen

§ 6 Impressum. (1) Auf allen mittels eines zu Massenherstellung geeigneten Vervielfältigungsverfahren hergestellten und zur Verbreitung bestimmten Schriften, besprochenen Tonträgern, bildlichen Darstellungen mit oder ohne Schrift und Musikalien mit Text oder Erläuterungen (Druckwerke), die im Geltungsbereich dieses Gesetzes erscheinen, müssen deutlich sichtbar Name oder Firma und Anschrift des Druckers und des Verlegers genannt sein. Beim Selbstverlag treten an die Stelle der Angaben über den Verleger Name oder Firma und Anschrift des Herausgebers oder des Verfassers.

Sachsen-Anhalt

§ 7 Impressum. (1) Auf jedem im Geltungsbereich dieses Gesetzes erscheinenden Druckwerk müssen Name oder Firma und Geschäftsanschrift des Druckers und des Verlegers genannt sein, beim Selbstverlag Name und Geschäftsanschrift des Verfassers oder des Herausgebers.

Schleswig-Holstein

§ 7 Impressum. (1) Auf jedem im Geltungsbereich dieses Gesetzes erscheinenden Druckwerk müssen Name oder Firma und Anschrift der Druckerin oder des Druckers und der Verlegerin oder des Verlegers, beim Selbstverlag der Verfasserin oder des Verfassers oder der Herausgeberin oder des Herausgebers, genannt sein.

Thüringen

§ 7 Impressum. (1) Auf jedem im Geltungsbereich dieses Gesetzes erscheinenden Druckwerk müssen Name oder Firma und Anschrift der Druckerei und des Verlegers genannt sein, beim Selbstverlag Name und Anschrift des Verfassers oder des Herausgebers sowie die Eigentumsverhältnisse des Verlags.

Sowohl beim klassischen Papier- wie beim Elektrobuch ist das Impressum Teil der Titelei und auf einer speziellen Impressumsseite zu finden. Das Impressum bietet die vom Urheberrecht geforderten und von Bibliotheken gewünschten Informationen zum Buch. Die im Impressum aufgeführten Daten sind maßgeblich für Zitate. Enthalten sind:

- die Auflagenzahl und das Auflagenjahr
- der Verlag, fallweise der Originalverlag, Erscheinungsort
- das Jahr, in dem das Werk erstmals veröffentlicht wurde
- Herausgeber
- Informationen zum Urheberrecht
- Informationen zu Übersetzungsrechten
- Informationen zu Abbildungsrechten
- die ISBN

- Internetadresse des Verlages bzw. des Autors (bei Selbstverlegern)
- Name und Adresse der Druckerei (bei Holzbüchern)

Entscheidend ist, dass die entsprechenden Angaben »leicht erkennbar, unmittelbar erreichbar und ständig verfügbar« sein müssen. Diesem Zweck dürfte in der Praxis beim E-Book zwar eine E-Mail-Adresse des Verlegers genügen. Bis zur endgültigen höchstrichterlichen Klärung der Frage, wie das Impressum eines E-Books auszusehen hat, empfehle ich den sicheren Weg gemäß den Vorschriften des jeweiligen Landespressegesetzes, in dem der Selfpublisher lebt bzw. seinen Geschäftssitz unterhält. Und das sind Verlagsname, Verlagsadresse, E-Mail. Bei Selfpublishern entspricht der Klarname dem Verlagsnamen.

> **Wer unter Pseudonym veröffentlichen will, nennt eine reale dritte Person als Kontaktadresse. Das können beispielsweise Steuerberater oder Rechtsanwälte sein. Ein derartiges Impressum würde dann etwa wie folgt aussehen: Paulchen Pseudonym c/o Rechtsanwalt XY, Musterstraße 00, D-12345 Musterstadt. Mail: XY@abc.de. Damit ist dem Gesetz Genüge getan, und das Pseudonym bleibt gewahrt.**

WAS BEDEUTET DIE ISBN?

Die Internationale Standard-Buch-Nummer (ISBN) wird als systematische Kennung in mehr als 160 Ländern verwendet. Sie ist das zentrale Organisationsmittel im Handel mit gedruckten Büchern. Ohne ISBN läuft im Buchhandel weltweit überhaupt nichts.

Eine ISBN dient dazu, ein Buch von jedem Interessenten rund um den Globus bestellbar zu machen. Das Nummernsystem hat sich weltweit als Standard etabliert. Mittels einer ISBN kann der Titel zusätzlich über das Verzeichnis lieferbarer Bücher (VLB) angezeigt werden; Ausgaben eines Titels lassen sich in den verschiedenen Katalogen zusammenführen.

Eine ISBN besteht seit dem 1. Januar 2007 aus 13 Ziffern in fünf Gruppen (ISBN-13 genannt). Davor waren es zehn Ziffern (ISBN-10). Die ersten drei Ziffern stehen für die Warengruppe »*Buch*«. Die »*3*« wird für Werke im deutschsprachigen Raum vergeben. Der dritte Ziffernblock steht für den jeweiligen Verlag. Die vierte Gruppe beziffert die Titelnummer der Verlagsproduktion. Die letzte Ziffer ist eine Prüfziffer, die mit einem mathematischen Algorithmus errechnet wird.

> **Im Unterschied zum Papierbuch benötigen E-Books keine ISBN. Es existiert keine Rechtsvorschrift, die eine ISBN für E-Books vorschreibt. Über das Internet lassen sich Bücher anhand des Titels relativ leicht finden, und über Online-Händler ist jedes Buch, dessen Titel oder Autor bekannt ist, bestellbar. Es gibt allerdings einige E-Book-Stores, die eine ISBN für die Bereitstellung des jeweiligen Titels verlangen. Apples iBook-Store empfiehlt es.**

Folgende Voraussetzungen für die Vergabe einer ISBN für ein E-Book bestehen seitens der ISBN-Agentur:

- Das E-Book enthält Text.
- Das E-Book ist der Öffentlichkeit zugänglich.
- Das E-Book ist keine periodische Publikation.

E-Books mit ISBN dürfen Bilder und Ton enthalten; verlinktes Material (z. B. Hypertext) kann dann unter derselben Buchnummer laufen, wenn das Material Bestandteil der Publikation ist.

Keinesfalls darf die ISBN des E-Books identisch mit derjenigen der Printausgabe sein. Das gilt auch bei identischer Titelei und Inhalt. Verschiedene Formate von elektronischen Publikationen werden als eigene Produktformen angesehen und benötigen daher eigene ISBN, wenn jedes Format separat erhältlich ist.

ISBN-Nummernkreise werden gegen Gebühr von der zuständigen ISBN-Agentur vergeben. Der Verleger erklärt gegenüber der Agentur seine Teilnahme und beantragt dort die gewünschte Menge an ISBN, die er selbst für die von ihm verlegten Titel nutzt. Der Dienst ist kostenpflichtig. Über die ISBN ist dann die Aufnahme in verschiedene Kataloge wie das Verzeichnis Lieferbarer Bücher (VLB) möglich. Dadurch entstehen weitere Kosten.

ISBN können von Verlagen und von Einzelpersonen beantragt werden, eine Firmengründung ist dazu nicht notwendig. Antragsberechtigt ist stets derjenige, der für die Entstehung beziehungsweise Produktion der Publikation verantwortlich ist.

Bei der Erteilung einer Verlagsnummer hat der Verlag eine Grundgebühr für die ISBN-Vergabe von 153,51 Euro plus Versandkosten zu zahlen, um eine Liste aller von ihm gewünschten ISBN zu beziehen. Der Preis dafür liegt zwischen

22,61 Euro (für minimal zehn Nummern) und 3.568,81 Euro (für 100.000 Nummern). Für jedes Buch, das per elektronischer Titelmeldung in das VLB aufgenommen wird, sind 4,05 Euro pro Jahr, mindestens jedoch gesamt 94,01 Euro pro Jahr zu zahlen.

Die Zuteilung einer einzelnen ISBN für (Selbst-)Verleger mit absehbar einmaliger Verlagsproduktion kostet 85,00 Euro. Sie ist erhältlich bei der MVB-Marketing- und Verlagsservice des Buchhandels GmbH, Braubachstraße 16, in 60311 Frankfurt am Main.

Amazon, der weltgrößte Händler von gedruckten und elektronischen Büchern, nutzt zur Verwaltung von E-Books und anderen Produkten ein eigenes Nummernsystem, Amazon Standard Identification Number (ASIN) genannt. Die ASIN stellt im Gegensatz zur ISBN keinen internationalen Standard dar.

WAS SIND PFLICHT-EXEMPLARE?

Die Deutsche Nationalbibliothek (DNB) hat eine gigantische Aufgabe. Sie will lückenlos alle deutschen und deutschsprachigen Publikationen ab 1913, im Ausland erscheinende Germanica und Übersetzungen deutschsprachiger Werke sowie die zwischen 1933 und 1945 erschienenen Werke deutschsprachiger Emigranten sammeln, dauerhaft archivieren, bibliografisch verzeichnen sowie der Öffentlichkeit zur Verfügung stellen.

1912 wurde die Deutsche Bücherei mit Sitz in Leipzig gegründet, 1946 die Deutsche Bibliothek Frankfurt am Main. Mit der Wiedervereinigung Deutschlands wurden diese Einrichtungen zu einer Gesamtinstitution vereinigt, die 2006 einen erweiterten gesetzlichen Auftrag und einen neuen Namen erhielt: Deutsche Nationalbibliothek. Archivierung und Benutzung erfolgen an beiden Standorten; die

Literaturbearbeitung geschieht arbeitsteilig. Durch dieses Konzept werden sowohl in Frankfurt wie auch in Leipzig komplette Sammlungen und ein optimaler Service angeboten.

> **Durch den permanenten Zufluss von Neuerscheinungen erfüllt die Deutsche Nationalbibliothek ihre Aufgabe als nationalbibliografisches Informationszentrum der Bundesrepublik Deutschland. Die Bearbeitung erfolgt arbeitsteilig nur einmal für beide Standorte. Alle Verleger liefern zwei Pflichtexemplare jedes gedruckten Buches an den für sie zuständigen Standort.**

Die Zuständigkeit richtet sich nach dem Regionalprinzip: Der Leipziger Standort der Deutschen Nationalbibliothek bearbeitet alle Veröffentlichungen aus den Bundesländern Berlin, Brandenburg, Mecklenburg-Vorpommern, Nordrhein-Westfalen, Sachsen, Sachsen-Anhalt und Thüringen. Der Frankfurter Standort ist zuständig für Baden-Württemberg, Bayern, Bremen, Hamburg, Hessen, Niedersachsen, Rheinland-Pfalz, Saarland und Schleswig-Holstein. Nach der Bearbeitung wird das Zweitexemplar an die jeweils andere Bibliothek zur Benutzung und Archivierung weitergegeben.

Die Grundlage der Sammlung ist das Gesetz über die Deutsche Nationalbibliothek (DNBG) vom 22. Juni 2006. In Ergänzung des Gesetzes präzisiert die am 23. Oktober 2008 in Kraft getretene Pflichtablieferungsverordnung (PflAV) den Sammelauftrag. Zu sammeln sind Medienwerke in körperlicher als auch unkörperlicher Form. Dazu gehören sowohl herkömmliche Veröffentlichungen in Papierform wie Mikroformen, Tonträger und körperliche Medienwerke auf elektronischen Datenträgern sowie Netzpublikationen.

Die Pflichtablieferungsverordnung konkretisiert das Recht der Deutschen Nationalbibliothek auf unaufgeforderte und kostenlose Belieferung mit den Medienwerken aus Deutschland. Jeder gewerbliche oder nicht gewerbliche Verleger in der Bundesrepublik deutschland ist verpflichtet, von seinen Medienwerken zwei Pflichtexemplare kostenlos an die Deutsche Nationalbibliothek abzuliefern.

Am 22. Juni 2006 hat die Deutsche Nationalbibliothek vom Gesetzgeber zusätzlich den Auftrag der Sammlung, Erschließung, Verzeichnung und Archivierung von unkörperlichen Medienwerken (Netzpublikationen) erhalten. Die Erweiterung des gesetzlichen Sammelauftrags führte zu einer Neufassung der Pflichtablieferungsverordnung und der Sammelrichtlinien.

Der Begriff *»Medienwerke in unkörperlicher Form«* steht für Netzpublikationen oder Online-Publikationen. Darunter werden elektronische Veröffentlichungen verstanden, die über ein öffentliches Netz verfügbar sind. In einer weiten

Auslegung stellt alles, was online über ein öffentliches Netz angeboten wird, ein Medienwerk dar.

Beispiele für Netzpublikationen sind E-Books, elektronische Zeitschriften, Hochschulprüfungsarbeiten, Musikdateien, durch Digitalisierung entstandene Produkte oder Webseiten. Netzpublikationen, die rein gewerblichen Zwecken dienen, werden nicht gesammelt. Darunter fallen Webseiten mit Darstellungen der Dienstleistungen und Angebote einzelner Unternehmen für Kunden. Rein private Webseiten sind ebenso wenig sammelpflichtig wie Blogs ohne Themenbezug.

Die Deutsche Nationalbibliothek geht beim Aufbau der Sammlung von Netzpublikationen stufenweise vor. Zunächst wird die einzelobjektbezogene Sammlung von Netzpublikationen mit Entsprechung zum Printbereich vorangetrieben. In einem weiteren Schritt werden automatisierte Verfahren zur Sammlung ganzer Gruppen von Objekten, wie etwa vollständiger Websites, entwickelt.

Derzeit nicht gesammelt werden Webseiten aller Art, z. B. statische und dynamische HTML-Seiten, Weblogs oder Foren. Um den Sammelauftrag in diesem Bereich erfüllen zu können, erarbeitet die Deutsche Nationalbibliothek die Grundlagen zum automatisierten Einsammeln von Websites, dem sogenannten Web-Harvesting.

Der für den deutschsprachigen Raum sprunghafte Anstieg der Herausgabe von E-Books stellte die jeweiligen Verleger ebenso wie die Deutsche Nationalbibliothek (DNB) vor erhebliche Herausforderungen. Es gibt momentan drei Möglichkeiten der Ablieferung von Netzpublikationen: Ablieferung über ein Webformular und zwei automatisierte Ablieferungsverfahren, die genau über die Webseite der Nationalbibliothek erklärt werden. Für die automatisierte Ablieferung bietet die Deutsche Nationalbibliothek zwei Verfahren an: das Harvesting- und das Hotfolder-Verfahren. Für beide Ablieferungsverfahren müssen neben den Objekten Metadaten bereitgestellt werden.

Eine Besonderheit stellen die Kindle-E-Books dar, die auf Amazon angeboten werden. Bei dieser mit aktuell rund 100.000 Editionen zahlenmäßig größten Gruppe der deutschsprachigen E-Books wird derzeit noch auf eine Pflichteinlieferung verzichtet. Dazu übersandte mir Susanne Puls von der DNB auf Befragen eine Stellungnahme zum Thema, die dem aktuellen Stand entspricht.

Prinzipiell gehören selbstverlegte und über Amazon vertriebene Kindle-Bücher zum Sammelauftrag der DNB. Ablieferungspflichtig sind die Autoren als Selbstverleger. (Laut § 15 des Gesetzes über die Deutsche Nationalbibliothek ist ablieferungspflichtig, »wer berechtigt ist, das Medienwerk zu verbreiten oder öffentlich zugänglich zu machen und den Sitz, eine Betriebsstätte oder den Hauptwohnsitz in Deutschland hat«.)

In der Pflichtablieferungsverordnung (PflAV) wird in § 8,2 präzisiert, dass die Bibliothek auf die Ablieferung verzichten kann, *»wenn technische Verfahren die Sammlung und Archi-*

vierung nicht oder nur mit beträchtlichem Aufwand erlauben«.

Kindle-Content wird in einem proprietären Datenformat angeboten, das auf dem Mobipocket-Standard basiert und eigene DRM-Mechanismen hat. Das Dateiformat eignet sich nach augenblicklicher Einschätzung nicht für die Langzeitarchivierung. Darüber hinaus gibt es noch keine Lösung für die Bereitstellung für die Benutzung.

Daher verzichtet die DNB derzeit auf eine Pflichtablieferung von Kindle-E-Books. Selbstverleger müssen keine Ordnungswidrigkeitsverfahren fürchten; die DNB wird die Titel erst anfordern, wenn der Stand der Technik dies zulässt.

Auf freiwilliger Basis können Kindle-Autoren, sofern sie als Selbstverleger Inhaber des Verbreitungsrechtes sind, eine Version ihres E-Books im EPUB-Format über ein Webformular an die DNB übermitteln.

WIE TRITT MAN IM INTERNET AUF?

Wer sozial vernetzt ist, hat bessere Karten. Bücher werden nicht dadurch verkauft, dass sie veröffentlicht werden. Diesen Zahn mussten sich viele Autoren bereits im Printbereich ziehen lassen. Sie träumten, ihre zwischen zwei Buchdeckel gepressten Äußerungen würden Buchmenschen zum Sturm auf Buchhandlungen bewegen. Diesen Zahn müssen sich ebenso E-Book-Autoren ziehen lassen, denn das Einstellen in den Kindle-Store und die bloße Verfügbarkeit bei Amazon schafft null Umsatz. So gibt es tausende E-Books, von denen kein einziges Stück verkauft wurde.

Der besten Promoter eines Buches sind sein Verleger und sein Autor. Handelt es sich um eine Personalunion, liegt die volle Last auf den Schultern des Autors. Wer die Börse zückt und Anzeigen oder Werbespots für Geld schaltet, hat damit eventuell Erfolg. Die jahrelangen Erfahrungen der

US-Autoren sprechen indes dagegen. Besser ist es, auf den sozialen Gemeinschaften aufzubauen, in denen der Autor seit langem aktiv ist und schon über sein Buch berichtet, Leseproben eingestellt und Erfahrungsaustausch gesucht hat. Ich meine damit sowohl die Nachrichtenkanäle unserer Zeit wie Twitter, Facebook, Instagram sowie die Blogosphäre, wo ein Gedankenaustausch intensiv und ausführlich möglich ist. Hier gilt es, eine Gemeinde oder einen Fanclub um sich zu scharen, die sich auf das E-Book freuen, es erwerben und die frohe Kunde verbreiten.

Jeder muss sich dabei die zentrale Frage beantworten, ob er privat auftreten will oder als Kunstfigur agiert. Beides geht nicht. Ich finde es grauenvoll, wenn Autoren sich im Netz abmelden, weil sie kurz pinkeln gehen, ihren Urlaub verkünden, als würde sie jemand vermissen und sich dann wieder zurückmelden, um zehn Likes à la *»Ach wie schön, dass Du wieder da bist«* zu kassieren. Ich finde einfach nur peinlich, wenn sich Damen als Muttis aufspielen, wildfremde Leute wecken, mit virtuellem Gebäck füttern und ihnen ein Kuschel-Lied singen.

Das Internet mit seinen sozialen Netzwerken ist ein Flickenteppich, auf dem sich Hunderttausende tummeln, die dort Selbstbestätigung sammeln und für kurze Augenblicke bekommen. Aber für die Buchwerbung oder gar für die Suche nach einem Verleger oder Verwertungspartner sind Facebook & Co. ungeeignet.

Es nutzt nichts, wenn ein Autor mit eintausend weiteren Autoren *»befreundet«* ist und sich einen Wettlauf liefert, wer denn wieder welches neue Buch veröffentlicht hat. Autoren sind zwar auch Leser, aber sie haben alles andere zu tun, als jeden Tag neue Bücher zu kaufen oder gar zu rezensieren.

> **Sinnvoll ist für jeden Autor, eine eigene Homepage zu betreiben, die über ihn und seine Werke informiert. Hier gibt es aktuelle Informationen zu neuen Büchern, zu Lesungen und Gewinnspielen, also kurz: zu allem, was der Autor treibt. Dabei sollten Sie stets Eigentümer der entsprechenden Domain sein, die sinnvollerweise auf Ihren (Autoren-)Namen lautet. Meine heißt beispielsweise www.RuprechtFrieling.de. Über meine Homepage lässt sich ein Newsletter abonnieren, mit dem ich jeden Monat versuche, meinen Fans und Freunden Neuigkeiten zu vermitteln.**

Für den Versand von Newslettern gibt es unterschiedliche Dienstleister. Ich nutze *MailChimp.com.* Dieser Anbieter gestattet, bis zu 2.000 Adressen kostenfrei mit einem Newsletter zu versorgen. Dabei kann man beliebig viele Datenbanken anlegen, die maximal 1.999 Adressen enthalten dürfen, um der Kostenpflicht zu entgehen.

DIE ROLLE DES NEWSLETTERS

Jedem Gemüsehändler bekommt heute von Marketing-Verkäufern eingetrichtert, er brauche einen eigenen Newsletter, wenn er morgen noch seinen Eckladen betreiben wolle. Aus der daraus folgenden Sintflut wächst die Insel aus Plastikmüll im Indischen Ozean, die sich inzwischen bis zum Spam-Gebirge erstreckt.

Ich habe dutzende Newsletter abonniert. Manche informieren mich über qualitativ hochwertige Reportagen, andere stellen Novitäten aus dem Bereich der Künstlichen Intelligenz vor. Häufig greift man bei einer Newsletter-Bestellung ins Leere. Dann bestelle ich sie ebenso schnell ab.

Ob sie mich langweilen, entscheide ich blitzschnell nach Optik und Sprache. Bei einigen sehe ich schon am Logo, dass da nur Müll drinsteckt und verschiedene

»Abbestellen« - Klicks, die ich in deren Richtung geschickt hatte, nichts fruchteten.

Mir bleibt damit die Frage des Nutzens (Entzünde im Empfänger das Licht der Erkenntnis) und der professionellen Darbietung in gemeißelter Sprache ... da trudelt der neueste Newsletter von Tanja Neise ins Haus.

Mir gefällt die E-Mail der erfolgreichen Autorin spontan, weil sie so ehrlich beginnt: *»Seit meiner letzten Mail ist viel Zeit vergangen, und deshalb dachte ich mir, ich schreibe euch mal wieder.«*

Tanjas Einstieg ist lapidar *(»ach, ich hätte auch Buchhaltung oder Ablage machen können, aber was soll´s, ich schreib euch mal wieder«)* und gerade deshalb in höchstem Maße wirksam. Ich glaube, diese Formulierung ist typisch weiblich. Männer würden eine derartige Einleitung plumper formulieren, sofern sie denn überhaupt aus ihrem Laufrad herauskommen.

Einer Tanja Neise können auch jene Empfänger nicht böse sein, die schon zehn Wochen oder länger mit fiebrigen Augen auf wahre Worte aus ihrem Leben warten. Die Autorin versendet ihren Newsletter sporadisch. Lust und Laune scheinen bei ihrer Werbestrategie wichtiger zu sein als regelmäßiges Abarbeiten.

»Authentizität lautet das Zauberwort«, meint Autorin Rike Moor. Die Autorin und Korrektorin aus Hemmingen in Niedersachen hat im Vorjahr einen Newsletter gestartet. Anfangs wollte sie ihn einmal pro Monat *»raushauen, ein-*

fach um im Gedächtnis zu bleiben, der lieben Regelmäßigkeit wegen. Allerdings musste ich auch recht schnell feststellen, dass das vielleicht nicht ganz so das Wahre für mich ist und zwangsläufig dann auch nicht für meine Leser.«

Rike lässt den Newsletter solange ruhen, *»bis ich richtigen Content liefern kann, selbst wenn der NL nur noch unregelmäßig raus geht. Ich möchte meine Leser schließlich nicht mit einem umdekorierten Verkaufsschild bedienen.«*

Mein eigener Newsletter kam jahrelang monatlich. Die monatliche Erscheinungsweise hatte ich mir als eiserne Regel auferlegt. Längst ist diese Regelmäßigkeit aber auch zu einem lästigen Zwang geworden. Sich jeden Monat vermeintlich Interessantes aus den Fingern saugen zu müssen, obwohl vielleicht nichts Bewegendes geschehen ist, ist mühsam. Das Schlimmste daran ist allerdings: Der sensible Leser spürt das beim Lesen. Insofern bin ich in letzter Zeit nachlässiger geworden.

Regelmäßig versende ich meinen Newsletter vor allem aus einem methodischen Grund: Ich habe gelernt, dass sich die Marke des Absenders bei regelmäßiger Penetration tief und tiefer ins Unterbewusstsein einbrennt. Genau das möchten Absender langfristig mit regelmäßiger Taktrate erzielen. Im Marketing-Deutsch heißt der Vorgang *»Branding«*.

Dabei gehe ich davon aus, dass sich die gesamte Persönlichkeit eines Autors und die Welt, in der er/sie lebt, aus einem mit Herzblut geschriebenen Text entfaltet und individuelle Einsichten ermöglicht. Diese These passt auf

Newsletter, die herzlich und engagiert rüberkommen, positiv mit den Empfängern kommunizieren, die Sprache der Zielgruppe sprechen und entsprechende Reaktionen auslösen. Dabei scheint mir entscheidend, Treiber statt Getriebener zu sein.

> **Im Ergebnis ist ein Newsletter das optimale Mittel, um mit seiner Zielgruppe Kontakt zu halten. Er muss aber unbedingt sprühen, sonst wird er schnell zum digitalen Altpapier.**

SOLLTE ICH TWITTER NUTZEN?

»Sollte ich vielleicht einen Twitter-Account eröffnen, um mich und meine Bücher bekannter zu machen«, fragt Thorsten, 35, aus Bielefeld. Er hat gesehen, dass viele Autoren bei dem Nachrichtendienst mitmischen.

Bei Twitter, laut New York Times *»eines der am schnellsten wachsenden Phänomene im Internet«*, können registrierte Nutzer miteinander ein Netzwerk aufbauen und kurze Einträge mit maximal 140 Zeichen veröffentlichen. Das sind persönliche Zustandsmeldungen ebenso wie Hinweise auf lesenswerte Netzartikel. Die für den Nachrichtendienst verwendete SMS-Kürze reduziert den Aufwand auf ein Minimum und lässt sich komfortabler nutzen als ein klassischer Blog, der hohen Zeit- und Arbeitsaufwand fordert. Dabei eröffnet die Kürze der Nachricht einen zusätzlichen Charme.

Nach der Anmeldung bei Twitter kann begonnen werden, einen Kreis aus *»Followern«* aufzubauen, indem Teilnehmer, die dem jeweiligen User geeignet scheinen, ausgewählt und angeklickt werden. Künftig werden die Kurzeinträge dieser Leute in zeitlicher Reihenfolge aufgelistet. Anders als beim Bloggen oder bei Facebook müssen *»Freundschaftsanfragen«* weder begründet noch bestätigt werden, einzelne Teilnehmer können jedoch blockiert werden.

Eigene Einträge sind weltöffentlich und können von jedermann gelesen werden. Sinn ist, abonniert zu werden und damit eine eigene Gefolgschaft aufzubauen. Damit öffnet sich die Gefahr, von Stalkern beobachtet zu werden. Es besteht deshalb die Möglichkeit, Einträge privat zu stellen und damit nur dem Kreis der Freunde zugänglich zu machen.

Nummer eins der Twitterer war – vor Schreckgespenst Donald Trump – US-Präsident Barack Obama, der mit dem Instrument im Wahlkampf sein *»largest grassroot movement of presidential politics«* förderte. Während seine Gefolgsleute erfuhren, dass er in Indiana Pressevertreter trifft, lässt Riesenmaschinist Sascha Lobo, seine Fans wissen, das er anlässlich seines Geburtstages in Sanssouci weilt und ein Frühstück einnimmt.

Das Mikro-Bloggen entspricht dem Trend, sich online zu entblättern und dabei Spaß zu haben. Dabei lässt jeder nur so viel Nähe zu, wie er möchte, und Kunstfiguren werden weiterhin im Rollenspiel bleiben. So kommt es in Amerika dazu, dass ganze Städte am Schicksal einer Katze teilhaben, die unter Blähungen leidet. Man erfährt, dass Jochen Hoff seinen Dackel ausführt, Thomas Wanhoff in Kambodscha schwitzt und Don Dahlmann Schwarzriesling mag. Klaus Eck verfolgt Nachrichten über Erdbeben in China, und Weltexpress postet die jüngsten Ergebnisse vom Tennis.

> **Twitter ist bei Ereignissen blendend geeignet als blitzgeschwinder Stakkato-Nachrichtendienst. Bilder und Filme können direkt vom Handy auf die Plattform gebeamt werden. Es lässt sich als Parallel-Kommentarstrecke zu einer Konferenz denken, und es kann als Nachrichtenstream von Großereignissen dienen.**

Twitter ist in allererster Hinsicht ein Kommunikationsdienst. Ab und an kann dort mal die Nachricht aufscheinen, dass jemand ein neues Buch veröffentlicht hat. Dies ist selten und passt nicht zum Charakter eines Gesprächskanals. Deshalb ist Twitter für den direkten Verkauf von Büchern relativ ungeeignet, für den Aufbau des Autors als eigenständige Marke hingegen durchaus geeignet.

WAS BRINGT FACEBOOK?

Seit 2008 bin ich nahezu täglich auf Facebook aktiv. Zu dutzenden Menschen, die ich persönlich kenne, pflege ich dort Kontakte. Ich lerne neue Zeitgenossen kennen, die gelegentlich sogar zu echten Freunden werden. Nachrichten, die mich interessieren, lese und kommentiere ich hier und da. In unregelmäßiger Folge veröffentliche ich Beiträge.

Für den Buchverkauf scheint Facebook ideal. An jeder Ecke versuchen Autoren, zu fast einhundert Prozent sind es Selfpublisher, Aufmerksamkeit für ihre Bücher zu erzeugen. Hinsichtlich eines Verkaufs bringt das recht wenig. Denn die Autoren bewegen sich in einer Blase, die nur ein gemeinsam hat: Alle wollen Bücher verkaufen, keiner hat Bock darauf, die Elaborate der anderen zu lesen. Insofern finden relativ wenig Direktverkäufe über Facebook statt. Das gilt auch für bezahlte Anzeigen, zu denen die Plattform immer wieder animiert, weil sie hungrig ist.

Anders ist es mit Veranstaltungen. Wer Lesungen macht, ob online oder offline, kann Facebook als Einladungstool nutzen. Das funktioniert. Mit der Zahl der Anmeldungen ist vorsichtig umzugehen. Der Anteil derjenigen, die im entscheidenden Moment nicht auf der Matte stehen, im Branchenjargon *»No show«* genannt, wird immer größer.

Davon unbenommen sollte jedem klar sein, dass er Facebook durch sein Klick- und Kommentarverhalten täglich neue Daten zur Verfügung stellt. Ich habe in einem Selbstversuch ermittelt, wie viele Daten das sind.

Facebook ist eine perfekt arbeitende Datensammelbank. Davon kann sich jeder Nutzer überzeugen, der über den Menüpunkt *»Einstellungen«* zum Punkt *»Lade eine Kopie deiner Facebook-Daten herunter«* scrollt und klickt. In meinem Fall dauerte es exakt 50 Minuten, dann trudelte per Mail ein Link ein, den ich mit meinem Passwort öffnen konnte, um eine ZIP-Datei zu laden.

Nach dem Öffnen präsentierten sich mir 469.577.847 Byte Datenmaterial mit 3.983 Objekten. Diesen gewaltigen Datenberg, ausgedruckt wären es mehr als 5.000 Seiten, hat Facebook über mich gespeichert. Hier erfahre ich beispielsweise, dass ich mich am Mittwoch, 3. September 2008, um 22:21 Uhr bei Facebook registrieren ließ. Für Historiker mag dies eine wichtige Information sein, mir zeigt es nur, wie rasend schnell die Zeit vergeht.

Spannender sind für mich die Daten meiner zur Zeit des Abrufs 3.111 »Freunde«. Alle sind akribisch mit Geburtsdatum und sämtlichen Telefonnummern aufgelistet. Würde ich täglich einen von ihnen anrufen, hätte ich die Liste in achteinhalb Jahren abgearbeitet. Viele dieser Namen erinnere ich überhaupt nicht, es gab nie Interaktionen, und ich habe keinen Schimmer, warum wir überhaupt »befreundet« sind. Sie haben angefragt, sind dann hängen geblieben und bei gelegentlichen Säuberungswellen (ich hasse Nazis, Denunzianten, Wendehälse, Verschwörungstheoretiker und Dummschwätzer) durchgeschlüpft.

Auf hunderten von Seiten der Dokumentation aufgelistet sind die endlos vielen Chats, an denen ich teilgenommen habe. Da entschuldigt sich am 16. Januar 2009 um 23:32 Uhr Freundin Kim O'Hara dafür, dass sie mich in dem Spiel *»MafiaWars«* angegriffen hatte, weil sie nur 20 Punkte vom nächsten Level entfernt war und keine andere Person fand, die sie attackieren konnte.

Ich erfahre, mich am Donnerstag, 2. Juni 2011, um 15:53 Uhr mit dem Kabarettisten und Buchautor Horst Evers ausgetauscht zu haben, mit dem ich zuvor ein Interview geführt hatte.

Nikki von Universal Music fand am Donnerstag, 4. Juni 2015 um 12:07 meinen Opern(ver)führer *»Der Fliegende Holländer«* »cool«. Immerhin: Die Dame kenne ich persönlich.

Munter könnte ich jetzt zehntausende persönlicher Nachrichten zitieren, deren Sinn und Zweck sich mir heute nur teilweise erschließen, die aber gespeichert sind. Eine Fundgrube für Kriminalisten!

Ich finde Werbeanzeigen, auf die ich geklickt habe; zum Glück sind es nur wenige. Dafür habe ich jede Menge Werbung als störend weggeklickt, und selbst hier ist jeder einzelne Klick pedantisch vermerkt. Zum Beispiel störte mich eine Anzeige mit dem Titel »*Ein Telefonat kann Dein Leben verändern!*«, der ich danach zum Glück nie wieder begegnen musste.

Einige Unternehmen haben mit meiner Zustimmung gleich meine kompletten Daten gespeichert, darunter Zalando, Tchibo, Airbnb und Uber. Gleich hüpfe ich in die entsprechende Rubrik und widerrufe meine Genehmigung, diese Daten über mich weiterhin zu speichern.

Sämtliche Veranstaltungen, an denen ich teilgenommen habe bzw. teilnehmen wollte, werden mir genannt. Auch all die, für die ich mich lediglich interessiert habe, sind feinsäuberlich in meiner Facebook-Personalakte gelistet.

In meinem Profil lässt sich genau ablesen, welche Musik ich mag, welche Bands ich liebe, welche Bücher ich gelesen und welche Filme ich gesehen habe. Für mich ist zwar nachvollziehbar, warum ich das *Picasso-Museum* in Münster, die Kirche des Fliegenden Spaghettimonsters und die Osiandersche Buchhandlung empfehle. Warum ich aber Solf Sauna, Filze Fatz Vasendesign, Schiller40 Coworking Space, Akparti Isviçre Switzerland und hunderte anderer mir nichtssagender Seiten mit einem freundlichen Haken versehen habe, liegt tief im Brunnen der Vergangenheit und ist aus meiner Erinnerung getilgt. War es blinde Gefälligkeit?

Die schiere Datenmenge, die sich mir darbietet, ist erschreckend in ihrer Komplexität und Genauigkeit. Aus unendlich vielen Puzzleteilen lässt sich mein Leben des letzten Jahrzehnts zusammensetzen und protokollieren. Über die entsprechenden IP-Adressen lässt sich sogar ein Bewegungsprotokoll erstellen. Aber kann ich Facebook deshalb Vorwürfe machen?

Nein!
Der Vorwurf trifft mich selbst.

Die Datenspeicher haben keinerlei Adresse, Kontakt, Nachricht oder Bewegung von mir gespeichert, die ich nicht freiwillig zur Verfügung gestellt oder selbst eingegeben hätte. Es wurde protokolliert, wie leichtsinnig und unbesonnen ich in den überprüften zehn Jahren auf Facebooks digitaler Datenautobahn unterwegs war.

All das wäre halb so schlimm, wenn die Daten nach einer gewissen Zeit unwiderruflich gelöscht und bis dahin sicher in den Server-Tresoren des Facebook-Imperiums gelagert würden. Doch das ist leider nicht der Fall. Facebook sammelt Daten keinesfalls aus Spaß, die Truppe um Mark Zuckerberg verdient Milliarden damit und ist zudem eng mit Geheimdiensten verbandelt. Konsequenterweise ist Facebooks Geschichte eine Abfolge von Skandalen.

Vor einem Jahrzehnt kamen die Verbindungen mehrerer Facebook-Investoren zur CIA ans Licht. Der im Moskauer Exil lebende amerikanische Whistleblower Edward Snowden belegte 2008 den Kontakt der Plattform zum US-Auslandsgeheimdienst *NSA*. Snowden nannte Facebook eine *»Überwachungsfirma, die ihre Nutzer ausbeutet«*.

2010 stellte sich heraus, dass beim Adressbuch-Abgleich der Handys von Facebookern gleichzeitig die Namen von Nicht-Mitgliedern abgesaugt und gespeichert wurden. Facebooks ehemaliger Sicherheitschef, Max Kelly, arbeitet inzwischen hauptamtlich für den Geheimdienst NSA.

Seit 2012 verknüpft das Programm *»Facebook-Connect«* Daten für personalisierte Werbung und registriert die Häufigkeit von App-Nutzungen. Dieser Dienst ermöglicht Nutzern, sich mit ihrem Facebook-Profil auf anderen Websites einzuloggen, ohne dort gesonderte Accounts erstellen zu müssen. 2016 wurde ruchbar, dass Facebook die Daten aus den Adressbüchern von WhatsApp-Nutzern einsaugte und speicherte. *WhatsApp* gehört ebenso wie *Instagram* zu Zuckerbergs Imperium.

Cambridge Analytica, eine britische Beratungsfirma, hat Profildaten von mehr als 87 Millionen Facebook-Mitgliedern gesammelt und damit den Wahlkampf von Donald Trump unterstützt, indem beispielsweise zielgerichtet Fake-News wie *»Der Papst unterstützt Trump«* gezeigt wurden. Ob es Zufall ist, dass der Hauptinvestor des Unternehmens US-Milliardär Robert Mercer heißt, der Trumps Wahlkampf mit 15

Millionen Dollar unterstützte? Es wirkte wie ein Hohn, wenn einige Plattformen Trump wenige Tage vor seinem Abtritt als US-Präsident den Account wegen seiner Hetzkampagnen entzog.

Meine persönlichen Daten wurden nun kaum genutzt haben, um Trump auf den Präsidentensessel zu hieven. Aber wer weiß schon sicher, ob nicht deutsche Unternehmen entsprechend tätig sind und Unternehmen, Parteien oder Nachrichtendienste mit den Daten von 32 Millionen deutschen Facebook-Usern füttern und beraten? Nicht zu vergessen die Daten von 21 Millionen deutschen Instagram- und 40 Millionen deutschen WhatsApp-Nutzer, die ebenfalls Facebook gehören.

Cambridge Analytica brüstet sich mit der Behauptung, weltweit mehr als 100 Wahlkämpfe erfolgreich unterstützt zu haben. Ein Schelm, der glaubt, deutsche Wahlkämpfe seien dabei außen vor. Das Gerücht, die AFD habe sich entsprechender Daten im Wahlkampf bedient, hält sich standhaft.

»Vielleicht ist es die perfideste Vermarktungsmaschine in der Geschichte der Kommunikation, getrieben von Daten«, schreibt der FOCUS über Facebook.

Ich nutze *Facebook*, weil es mir eine komfortable Kommunikation ermöglicht. Gleichzeitig hasse ich die Plattform, weil sie mir jeden Tag Zeit raubt, die ich produktiv nutzen könnte. Die aktuelle Diskussion über Big Data beweist mir aber, dass ich umsichtiger mit der Preisgabe von Meinungsäußerungen und Likes auf der Plattform sein und mich nach alternativen Netzwerken umsehen werde. Denn wenn Politik und gesellschaftliche Kontrolle versagen, dann liegt es letztlich an jedem Einzelnen, Schlüsse zu ziehen und sein Verhalten zu überprüfen. Das gilt auch und gerade für Buchautoren, die als Publizisten gesellschaftliche Verantwortung tragen.

7 TIPPS ZUM UMGANG MIT BLOGGERN

Die Supermarktkassiererin Anna Sam aus Frankreich veröffentlichte ihre »Leiden einer jungen Kassiererin« als Blog im Internet. Über ihre Blogeinträge wurde sie berühmt und es dauerte nicht lange, da erschienen ihre Beiträge in Buchform und wurden ein rasanter Bestseller. Es gibt viele Beispiele aus aller Welt, wo Autoren zuvor ihre Texte im Blog zur Diskussion stellten und sie erst später in Buchform gossen. Ich habe es versucht: Mein Buch *»Angriff der Killerkekse«* entstand so und wurde zum Erfolg.

Der Zenit des Bloggens ist seit einiger Zeit überschritten. Twitter, Facebook und Instagram zogen viele User ab, die früher ausführlich bloggten. Dies gründet in dem geringeren

Aufwand, der viele Netzbürger verleitet, immer kürzere Äußerungen in den virtuellen Raum zu pusten.

Gleichzeitig sinkt die Aufmerksamkeitsspanne durch das überbordende Informationsangebot und führt zu einer oberflächlicheren Betrachtung der Zeitläufe. Leser zu gewinnen und zu halten ist eine Herausforderung – wer einen Blog betreibt, der kennt dieses Problem. Dabei sind Blogs für Autoren das ideale Medium: Hier können sie sich ausdrücken, darstellen, erklären und den Kontakt zu ihren Lesern aufbauen und intensivieren. Ich kenne Autoren, die regelmäßig bloggen, um so den intensiven Kontakt zu ihren Lesern zu halten.

> **Aus meiner Praxis möchte ich sieben Tipps zum Bloggen geben, deren Umsetzung ich für wesentlich halte.**

1. Tipp: Exklusive Themen finden

Versuchen Sie, Leser zu begeistern, indem Sie diese direkt ansprechen. Gehen Sie in den Köpfen Ihrer Leser spazieren und liefern ihnen genau das, was sie genauso wie Sie interessiert. Versuchen Sie bei jedem Thema, das Sie behandeln, sich von Ihrem Text zu lösen, und beantworten Sie die Frage, ob Ihre Leser ebenfalls an dem gewählten Thema interessiert sein könnten. Es gibt nichts Schlimmeres, als seine Leser zu langweilen.

2. Tipp: Nicht klauen

Versuchen Sie, exklusive Themen zu finden. Ihren Beitrag darf es nur einmal geben, er sollte exklusiv sein und für sich und Sie als Verfasser stehen. Dann wissen die Leser, dass sie beispielsweise Antworten auf konkrete Fragen, Themen oder Stilistik nur bei Ihnen finden. Geklaute Texte oder Fotos haben auf einem Blog nichts verloren.

3. Tipp: Beiträge bebildern

Vermeiden Sie Bleiwüsten. Ein Bild sagt mehr als tausend Worte. Werten Sie Beiträge mit Bildern auf. Viele Leser fühlen sich durch ein tolles Foto angezogen und sind deshalb bereit, den zugehörigen Artikel zu lesen. Vergessen Sie keine Bildunterschriften, sie sind unverzichtbare Bestandteile der Leserbindung. Verwenden Sie ausschließlich Fotos, die Sie selber gemacht haben oder über deren Rechte Sie zweifelsfrei verfügen.

4. Tipp: Regelmäßig veröffentlichen

Veröffentlichen Sie regelmäßig neue Beiträge. Verzichten Sie auf drei spontane Gedanken pro Tag, sondern schreiben Sie lieber einmal pro Woche einen lesenswerten Beitrag. Der Leser wird es Ihnen danken. Ich kenne Blogs, auf die freue ich mich schon, weil ich weiß, dass sie beispielsweise jeden Freitag erscheinen. Überschätzen Sie sich dabei nicht, es kann immer mal sein, dass man in Urlaub fährt oder erkrankt. Für solche Fälle hat der vorausschauende Blogger einen Beitrag in der Schublade, den er schalten kann, damit der Nachrichtenfluss nicht abreißt.

5. Tipp: Leser einbinden

Laden Sie Gastautoren ein. Stellen Sie Blogs oder Persönlichkeiten vor. Machen Sie Interviews mit ungewöhnlichen Mitmenschen. Das Echo wird es Ihnen danken, denn Ihr Beitrag wird von Dritten zitiert, getwittert und über andere soziale Gemeinschaften verbreitet.

6. Tipp: Stellung beziehen und polarisieren

Schreiben Sie ehrlich und aufrichtig, was Sie zu einem Sachverhalt denken. Je kritischer eine Meinung ist, je mehr sie polarisiert, desto mehr werden sich Stimmen melden, die abweichender Ansicht sind. Das ist gut so, denn schon kann eine Diskussion sprudeln. Ärgern Sie sich nicht, wenn Leser anderer Meinung sind. Allein die Tatsache, dass sie dies in einem Kommentar mitteilen, ist ein Beweis, dass sie Sie ernst nehmen und den Gedankenaustausch suchen.

7. Tipp: Trolle nicht füttern

Je erfolgreicher ein Blog ist, je mehr Leser er findet, desto mehr Schattengestalten zieht er an. Dazu zählen Trolle. Das sind Typen, die versuchen, Blogger in vollkommen sinnleere Diskussionen zu verwickeln. Hier gilt die Regel, derartige

Versuche im Keim zu ersticken, nicht darauf einzugehen und die Trolle zu isolieren oder im schlimmsten Fall zu blocken.

10 TIPPS ZUM UMGANG MIT DER PRESSE

Journalisten sind für Autoren Fluch und Segen zugleich. Denn sie schaffen als Multiplikatoren Öffentlichkeit und bestimmen wesentlich mit über den späteren Erfolg oder Misserfolg eines Buches.

Wie geht man am besten mit einem Journalisten um, der sich beim Autor meldet? Journalisten haben grundsätzlich keinen Anspruch auf ein persönliches Interview. Es ist stets dem gewünschten Interviewpartner überlassen, ob und wie er sich einer Befragung stellen möchte. Man hat die Freiheit, nein zu sagen.

Interviewer und Interviewte schließen, ob formal festgehalten oder nicht, stets einen Vertrag miteinander. Dabei herrscht Vertragsfreiheit zwischen beiden Parteien. Ist der

Interviewte klar darüber in Kenntnis gesetzt, dass er zwecks Veröffentlichung befragt wird, dann erklärt er auf diese Weise sein stillschweigendes (im Juristendeutsch: konkludentes) Einverständnis, dass seine Antworten veröffentlicht werden dürfen.

> **Willigt der Interviewpartner in ein Gespräch ein und verzichtet ausdrücklich auf jede nachfolgende Autorisierung, sind der Journalist bzw. seine Redaktion aus dem Schneider, sofern das Gesagte fair und nicht sinnentstellend wiedergegeben wird.**

Auf Grundlage des Urheber- und Persönlichkeitsrechts hat ein Interviewpartner grundsätzlich Anspruch auf die Vorlage des Interviews vor Veröffentlichung. Dies sollte er möglichst bei Beginn des Gesprächs deutlich machen. Der Journalist hat damit die Möglichkeit zu entscheiden, ob er darauf eingehen will und sich auf spätere Diskussionen einlässt oder gänzlich auf das Frage-Antwort-Spiel verzichtet, um seine Unabhängigkeit zu wahren.

Grundsätzlich wird Journalisten die restriktive Handhabung der Interview-Autorisierung empfohlen. Sonst wird dem journalistischen Genre Interview Lebendigkeit genommen und die Glaubwürdigkeit beschädigt. Sinnvoll ist es vielmehr, Spielregeln zwischen den Interviewpartnern zu vereinbaren, die den Charakter des Interviews nicht konterkarieren.

Der Druck auf Journalisten wird in jüngerer Zeit spürbar größer. Deshalb hat sich die größte Interessenvertretung der Journalisten in Deutschland, der Deutsche Journalistenverband (DJV), mit zehn Leitlinien zum Thema geäußert.

1. Journalistinnen und Journalisten haben die Pflicht, Interview-Äußerungen korrekt wiederzugeben und nicht sinnentstellend zu kürzen. Eine vom Interviewpartner genehmigte Tonaufzeichnung dient der notwendigen Klarheit.

2. Der Interviewte kann die Autorisierung eines mit ihm geführten Interviews fordern. Dieser Anspruch beschränkt sich auf redaktionell bearbeitete Wort-Interviews. Komplette Beiträge oder indirekt wiedergegebene Zitate aus Rechercheanfragen sind nicht betroffen.

3. Art und Umstände von Autorisierungen sollte die Redaktion in redaktionellen Leitsätzen festhalten und diese dem Interviewten rechtzeitig vor Gesprächsbeginn zur Kenntnis geben. Davon ggf. abweichende Vereinbarungen werden vor dem Interview festgehalten.

4. Autorisierungen dienen der sachlichen Korrektheit, der Sinnwahrung und sprachlichen Klarheit. Änderungen müssen sich darauf beschränken.

5. Der Interviewte hat kein Recht, Fragen des Interviewers nachträglich abzuändern. Die Redaktion akzeptiert solche Eingriffe nicht.

6. Nachträgliche Änderungen des Interviewten, die die Authentizität des Interviews oder einen wesentlichen Aussagegehalt konterkarieren, können von der Redaktion abgelehnt werden. Die Redaktion versucht argumentativ, Einvernehmen mit dem Interviewpartner herzustellen. Gelingt dies nicht, sollte sie auf den Abdruck des Interviews verzichten. Sie behält sich vor, dies öffentlich zu machen. Im Einzelfall kann das öffentliche Informationsinteresse den Abdruck einer zurückgenommenen Aussage rechtfertigen.

7. Redaktionen entscheiden über das Mittel der Darstellung. Schriftliche Antworten auf vorab eingereichte Fragen können ein aktuelles Informationsbedürfnis erfüllen, ersetzen aber kein persönliches Interview. Da dieses von Spontaneität lebt und sich inhaltlich im Gespräch entwickelt, kann es sich nicht auf vorab eingereichte Fragen beschränken. Mehr als die Absprache von Themengebieten sollte daher im Vorhinein nicht zugesichert werden.

8. Vorgefertigte Interviews aus Pressestellen (»kalte Interviews«) können als Hintergrundmaterial dienen. Sie als vermeintlich eigene Interviews zu publizieren widerspricht der journalistischen Ethik.

9. Im Sinne der journalistischen Glaubwürdigkeit macht die Redaktion jene Umstände transparent, unter denen ein Interview zustande kam (schriftlich, telefonisch oder im Pressegespräch). Insbesondere täuscht der Interviewer keine persönliche Begegnung mit dem Interviewpartner und/oder Exklusivität vor.

10. Die Redaktion kann das Interesse an der Form des Interviews steigern, indem sie Dritte (Fachleute, Prominente, Leser/innen, Jugendliche) auf der Seite der Interviewer teilhaben und Fragen stellen lässt. Für ihre Beteiligung gelten die gleichen Regeln.

WIE FÜHRE ICH EIN ERFOLGREICHES INTERVIEW?

»Mich hat ein Lokalreporter um ein Interview gebeten«, schreibt Krimiautorin Waltraud König. *»Was soll ich tun?«*

Das Interview ist eine der wertvollsten und spannendsten Darstellungsformen im Journalismus und bietet dem Autor die Möglichkeit, sich individuell zu präsentieren. Das Wort *»Interview«* ist relativ neu und schwappte aus dem Angloamerikanischen in unseren aktiven Wortschatz. Ursprünglich stammt es vom französischen »entrevue« ab. Damit wurde ein persönliches Treffen von Monarchen bezeichnet, woraus wiederum die aktuelle Bedeutung »Unterredung« wuchs. Heute verstehen wir unter einem Interview ein mit dem Ziel der Veröffentlichung geführtes Gespräch.

Das Interview ist eine beliebte journalistische Methode, um Nachrichten und Stellungnahmen zu besorgen. Ruft ein Journalist an, dann handelt es sich bereits im weitesten Sinn um ein Interview.

Der Anrufer stellt bewusst und gezielt eine Gesprächssituation her, in der er direkte Fragen formuliert, die vom Ansprechpartner klar und wahr beantwortet werden sollen. Gleiches gilt für kurze persönliche Gespräche am Rande von Veranstaltungen.

Interviews als journalistische Methode dienen in erster Linie der Recherche. Die Antworten werden dann durch den Autor redaktionell weiterverarbeitet. Die Veröffentlichung erfolgt vollständig oder zusammengefasst in Zitatform unter Benennung des Urhebers.

Echte Interviews leben im Unterschied zur schriftlichen »Befragung«, die gern von Interviewpartnern zwecks eigener Absicherung angeboten werden, von der Lebendigkeit einer Gesprächssituation. Wichtige Elemente sind das Zusammenspiel der Gesprächspartner, Fakten und Erkenntnisse über befragte Personen und behandelte Sachverhalte.

Die hohe Kunst des Interviewers besteht letztlich darin, dem Interviewpartner neue, bislang unbekannte Fakten zu entlocken oder ihn zu Äußerungen zu bewegen, die über das bislang bekannte Maß hinausgehen. Dabei gilt das Porträt als Königsform des Interviews. Beim Porträt werden in einen eigenständigen journalistischen Beitrag, der sich um den Interviewpartner rankt, Originalzitate eingebaut oder in indirekter Rede wiedergegeben. Hinzu kommen detaillierte Beschreibungen der Örtlichkeit, in der das Gespräch stattfindet bis hin zu mimischen Reaktionen des Gesprächspartners. Es können historische Fakten ebenso wie erläuternde Sachinformationen in den Text einfließen. Bisweilen werden Äußerungen von Dritten zum Thema zwecks Spiegelung eingebaut.

Um erfolgreich Interviews zu bestehen, sind einige wenige grundlegende Gebote zu beachten. Damit lässt sich späterer Stress vermeiden.

Erste Voraussetzung für ein Interview ist, dass sich der Interviewer von Anfang an zweifelsfrei als Journalist vorstellt und damit auf Fairplay setzt. Der Interviewer holt auf diese Weise das stillschweigende (konkludente) Einverständnis der anderen Seite ein, deren Antworten veröffentlichen zu dürfen. Damit ist Waffengleichheit gegeben, und es wird zugleich Vertrauen aufgebaut.

Beim klassischen Interview werden Fragen und Antworten wortgetreu (in Reinform) wiedergegeben. Abgesehen vom Live-Interview in Radio und Fernsehen stellt sich dabei die Frage der redaktionellen Bearbeitung. Auf keinen Fall sollten Äußerungen des Interviewpartners später sinnentstellend verkürzt werden. Das führt zu (im Extremfall juristischen) Auseinandersetzungen und verschließt Türen, die zuvor offen standen.

Es bleibt dem Einzelnen überlassen, wie er die Aussagen seines Gegenübers erfasst und speichert. Nicht jeder verfügt über die Fähigkeiten eines Truman Capote, der mehrstündige Gespräche vollständig in sich aufnahm und absolut wortgetreu memorieren konnte. Dank der technischen Entwicklung werden deshalb meist kleine Tonbandgeräte genutzt. Dies bietet eine höhere Sicherheit bei Unstimmigkeiten über Aussagen und Formulierungen. Auch der interviewte Autor kann das Gespräch mitschneiden, wenn ihm danach ist.

Vor dem Einsatz von Rekordern ist das Einverständnis einzuholen. Das gilt ebenso für die Verwendung von Fotoapparaten und Filmkameras. Der Interviewpartner, also in unserem Fall der Autor, hat das Recht der Waffenwahl und kann eine Aufzeichnung bzw. Fotos untersagen. Persönlichkeitsrechte sind stets und unbedingt zu achten. Allerdings sind Berichte ohne Fotos meistens langweilig.

Eingriffe, die über sachliche Korrekturen und grammatikalische Verbesserungen hinausgehen, sollten unterbleiben. Der Journalist entscheidet bei längeren Interviews darüber, Passagen zu streichen oder in abgeschlossenen Teilen zu publizieren. Unabhängig davon, wie umfangreich die redaktionelle Bearbeitung erfolgt: Der Sinnzusammenhang sollte stets gewahrt bleiben.

Interviews bieten dem Autor eine große Chance, sich und sein Werk vorzustellen. Dabei ist immer eine gewissen Vorsicht und Zurückhaltung geboten, zumal wenn es sich um Vertreter von Medien handelt, die eher der Sensationspresse zuzuordnen sind. Außerdem entscheidet der Interviewte, wo das Gespräch stattfindet. Wer keinen Journalisten in den eigenen vier Wänden begrüßen will, wer keine Lust auf eine »Homestory« hat, der trifft sich an einem neutralen Ort: im Hotel, in einem Restaurant oder bei einem Spaziergang im Grünen.

WAS MACHE ICH MIT DEM FINANZAMT?

Wie sagte unlängst ein Kommissar in einem Stuttgarter *»Tatort«* so treffend: *»Ob ein Mensch noch lebt, beantwortet dir am besten das Finanzamt«.* ‚Denn keine Behörde ist aufgrund ihrer Geldgier näher am Menschen als der Fiskus.

Wenn Honorare oder Tantiemen für Bücher fließen, sind die Herrschaften von der Finanzverwaltung nicht mehr weit. Erlöse sind zu versteuern und müssen in der jährlichen Steuererklärung angegeben werden. Zum Glück stehen dagegen die Kosten für Korrektoren, Lektoren, Grafiker, Drucker und Werbung, und so kommt es bei manchem Autor dazu, dass er in den ersten Jahren rote statt schwarze Zahlen schreibt.

Aber Vorsicht! Wer versucht, mit Kosten seine gesamte steuerliche Situation günstiger zu gestalten, wird über kurz oder lang den Vorwurf der *»Liebhaberei«* zu hören bekommen. Ist das Finanzamt der Auffassung, alles sei Liebhaberei, dann müssen Einnahmen, die in Zukunft erzielt werden, nicht versteuert werden. Deshalb warten Finanzbehörden in den meisten Fällen ab, wie sich die Ertragssituation entwickelt.

Steht innerhalb von acht Jahren keine schwarze Zahl am Ende der Überschussrechnung, lässt sich nach höchstrichterlicher Rechtsprechung beim besten Willen nicht mehr davon ausgehen, dass es sich bei der Schreiberei um eine gewinnorientierte Tätigkeit handelt. Alle Kosten zählen damit zum Hobby, zur Liebhaberei, erzielte Honorare sind ebenfalls nicht mehr zu berücksichtigen.

> **Ziel jedes Autors dürfte aber sein, Gewinne zu erzielen, um im besten Fall sogar von seiner Tätigkeit leben zu können. Insofern ist es empfehlenswert, von Anfang an auf eine korrekte Steuererklärung zu setzen.**

FÜR WEN WILL ICH VERÖFFENTLICHEN?

Die Frage klingt seltsam, aber ihre Beantwortung hilft wesentlich weiter, Kosten einzugrenzen und den geeigneten Dienstleister zu finden.

Wer sein Buch als Geschenk für Freunde, als Reisebericht für die Familie oder als Geschenk an einen eingeschränkten Kreis benötigt, der ist mit einer Privatedition vollkommen ausreichend bedient. Er benötigt weder einen Verlag, noch muss er sich über Vertriebswege oder steuerliche Auswirkungen Gedanken machen.

In derartigen Fällen reicht es vollkommen aus, das Buch in der gewünschten Auflage herstellen zu lassen. Da die Auflage maximal 100 Stück betragen dürfte, empfiehlt sich der preiswerte Digitaldruck. Der Digitaldruck ist für kleinste

Auflagen geeignet und erlaubt die Produktion eines einzelnen Buches in ausreichender bis guter Qualität.

Dr. Rüdiger Mayer-S. zählt zu den Autoren, die am liebsten selbst vertreiben. Der Allgemeinmediziner ist aktiv mit Lesungen und hält regelmäßig Vorträge. Dazu benötigt er Bücher in ausreichender Zahl und Qualität, die er mit zu seinen Veranstaltungen nimmt und dort verkauft. Er hat eine öffentliche Edition zum Selbstvertrieb.

Die von ihm hergestellte Auflage liegt bei 500 Exemplaren, dies ist die Menge, die er in einem guten Halbjahr absetzen kann. Dazu lässt er sich in einer Druckerei seines Vertrauens jeweils 500 Stück im Offset drucken, die er daheim lagert und in Teilmengen mit zu seinen Veranstaltungen nimmt. Da er bar bezahlt und bar kassiert, ist der Verwaltungs- und Buchhaltungsaufwand denkbar gering.

> **Irina, eine in Bayern lebende Selfpublisherin, fragt, wie sie ihr Buch als Print-Produkt in den Buchhandel bringen kann.**

Sie hat dazu verschiedene Möglichkeiten: Entweder geht sie zur nächsten Druckerei oder sie greift auf Dienstleister wie BoD zurück. Sie schließt einen Vertrag, überlässt dem Partner die Verwertungsrechte für die Bücher und kann davon ausgehen, dass Kunden, die das Buch im Handel bestellen, beliefert werden. Nachteil dieses Weges sind mitunter lange Lieferzeiten, denn die Dienstleister gewährleisten nicht, dass das Buch am nächsten Tag auf dem Tisch des Kunden liegt.

Lieferbarkeit innerhalb von 24 Stunden ist aber Standard im Buchhandel und wird vom Kunden erwartet. Eine derartige Liefergeschwindigkeit ist dann gegeben, wenn die Barsortimente, das sind Zwischenbuchhändler, den jeweiligen Titel am Lager haben und mittels Bücherwagensammeldienst an den jeweiligen Händler liefern.

Bücher werden aber von Barsortimenten aufgenommen, wenn der Name des Autors, sein Verlag oder der Titel des Werkes eine stärkere, regelmäßige Nachfrage auslösen. Als Wirtschaftsunternehmen verdienen Zwischenbuchhändler nicht daran, dass Ware liegt, sondern daran, dass sie sich bewegt. Dies wird von den Einkäufern der Barsortimente mit großer Kompetenz eingeschätzt und führt zur Ablehnung vieler Selfpublishing-Titel.

Unschlagbar in der Lieferung an den Endverbraucher ist immer noch Amazon. Wer beim großen »A« veröffentlicht, kann davon ausgehen, dass der Besteller das gewünschte Buch am nächsten Werktag auf dem Tisch hat. Nachteilig ist, dass Amazon den Buchhandel nicht beliefert. Es ist eine Frage der unternehmerischen Logistik, ob dies eines Tages geschieht, rein technisch wäre es kein Problem.

Wer über Amazon direkt den Leser beliefert, steht deshalb vor der Frage, ob der Buchhandel für die eigene Vertriebsstrategie eine Rolle spielt. So ist es kein Problem, sich ein paar Bücher für den eigenen Bedarf herstellen zu lassen und bei Bestellung an den Buchhändler auszuliefern.

Das bedeutet, dass eine entsprechende Rechnung geschrieben, und das Inkasso betrieben werden muss. Es gibt Druckereien, die das Ausliefern an den Handel für den Autor übernehmen. Schaltungsdienst Lange (sdl-online.de) in Berlin ist ein solcher Anbieter mit langjähriger Erfahrung.

KANN MAN VOM SCHREIBEN LEBEN?

Kann ein Autor irgendwann einmal einmal vom Schreiben leben, soll er es überhaupt? Diese Frage ist hintergründig. Viele derjenigen, die hauptberuflich ohne festen Auftraggeber und Abnehmerkreis schreiben, verfügen über Vermögen, eine gute Rente oder aber leben vom Einkommen des Partners. Es ist im gewissen Sinne Luxus, sein Leben dem Schreiben zu widmen.

Nur relativ wenige Zeitgenossen bestreiten vom Schreiben ihren Lebensunterhalt. Erst das zwanzigste Jahrhundert kennt überhaupt den Beruf des Schriftstellers. Goethe hatte ebenso einen Brotberuf wie alle anderen, die wir heute gern und häufig zitieren. *»Die Kunst ist zwar nicht das Brot«*, schrieb Jean Paul, der gefeierte, aber in bitterster Not lebende Humorist, *»aber der Wein des Lebens.«*

Ein erklärter Gegner jeder Art von Honorarzahlung an Autoren war der Philosoph Arthur Schopenhauer. Er notierte zum Thema: »*Schreibenswertes schreibt nur, wer ganz allein der Sache wegen schreibt. Welch ein unschätzbarer Gewinn würde es sein, wenn, in allen Fächern einer Literatur, nur wenige, aber vortreffliche Bücher existierten. Dahin aber kann es nie kommen, solange Honorar zu verdienen ist. Denn es ist, als ob ein Fluch auf dem Geld läge: Jeder Schriftsteller wird schlecht, sobald er irgend des Gewinnes wegen schreibt. Die vortrefflichsten Werke der großen Männer sind alle aus der Zeit, als sie noch umsonst oder für ein sehr geringes Honorar schreiben mussten. Also auch hier bewährt sich das spanische Sprichwort: Ehre und Geld geh'n nicht in denselben Sack.*«

> **Schopenhauer zielte mit seiner Bemerkung auf die Tagelöhner der Literatur, die Journalisten. Dieser Berufsstand bewegt sich täglich im morastigen Spannungsfeld zwischen Anspruch und Gefälligkeit.**

Der freie Journalist nährt sich vom Zeilengeld. Er muss häufig und möglichst viel veröffentlichen, um auf sein Geld zu kommen. Das Prinzip des Zeilenhonorars verleitet zum schnellen Schreiben und führt zwangsläufig zu einer gewissen Oberflächlichkeit, die in negativer Hinsicht stilprägend sein kann.

Der festangestellte Journalist stellt nach einigen Jahren im Beruf fest, dass er alles andere zu tun hat, als Texte zu verfassen. Er redigiert, organisiert, telefoniert, saust durch die Gegend und entpuppt sich als Mädchen für alles. Zum Schreiben bleibt relativ wenig Zeit.

Das Schöne am Beruf des Journalisten, der ja vom Berufsbild her ausschließlich *»Worte für den Tag«* produziert, ist die tägliche Beschäftigung mit der Feder. Lernende an einer Journalistenschule oder Volontäre in einer Vollredaktion kommen darüber hinaus mit sämtlichen journalistischen Formen, den Genres, in Berührung. Sie lernen die Unterschiede kennen zwischen Nachricht und Kommentar, zwischen Bericht und Reportage, und sie können dies praktisch umsetzen.

Aufgrund der Kurzlebigkeit seiner Niederschrift und des ständigen Zwanges, sich auf eine gegebene Zeilenzahl begrenzen zu müssen, fällt es dem Journalisten schwer, längere Texte zu verfassen. Dabei stößt er täglich auf Themen, die es wert wären, ausführlicher beschrieben zu werden. Es reift in ihm deshalb das Bedürfnis, Größeres zu schreiben als den Erfolgsbericht über das jüngste Schützenfest oder die rauschende Ballnacht der Metzgerinnung.

Der schriftstellerisch ambitionierte Journalist strebt instinktiv in die Freiräume verheißenden Nischen einer Redaktion, in die Ressorts Reise, Modernes Leben, vor allem aber ins Feuilleton. Dort ist der Andrang groß und wer einmal in der Kulturredaktion Platz genommen hat, verteidigt seinen

Stuhl mit Händen und Füßen. Wird die Stelle eines Feuilletonredakteurs öffentlich ausgeschrieben, kommen die Bewerbungen säckeweise.

Gewaltig ist der Ansturm der Stellungssuchenden auf die Verlage mit hauseigenen Lektoraten. Es ist üblich, dass ein Verlag hunderte Bewerbungen auf ein einziges Stellenangebot erhält, sofern er es überhaupt publik macht. Dabei sickern auch immer wieder *»heimliche Schriftsteller«* in die Schaltstellen des Literaturbetriebes: in die Lektorate.

Lektoren, die sich mitunter selbst gern zum Schriftsteller berufen fühlen, verstehen sich nicht immer als Dienstleister, die dem Autor bei der Vermittlung seines Textes ans Publikum helfen wollen. Sie schwingen sich zu heimlichen Richtern über literarische Qualität auf und glauben insgeheim, alles besser als der Autor selbst ausdrücken zu können. Der Autor, der einem derart dünkelhaften Lektor in die Hände fällt, hat es äußerst schwer, akzeptiert zu werden.

Jede Tätigkeit in einem Verlag oder in einer Redaktion aber ist für denjenigen, der Zugang zum Schreiben sucht, besser als nichts. Im Gespräch mit Kollegen, in der täglichen Beschäftigung mit dem geschriebenen und gesprochenen Wort bildet sich zwangsläufig ein intimeres Verhältnis zur Literatur heraus, als dies in anderen Berufen möglich ist. Selbst der von einer poetischen Ader durchzogene Lagerist eines Verlages findet durch seinen Einsatz für die »geheiligte Ware« Buch einen unmittelbareren Zugang zum geschriebenen Wort als beispielsweise der Bierfahrer einer Brauerei.

Welcher Buchautor aber lebt denn vom Schreiben? In der Belletristik sind es nach vorsichtigen Schätzungen wenige hundert Romanautoren deutscher Zunge, die ausschließlich vom Bücherschreiben existieren können. Dabei handelt es sich meistens um die Großverdiener unter den Autoren, die Bestsellerautoren.

Alle anderen Dichter, Schriftsteller und Literaten, die ihr Hobby zum Beruf gemacht haben, halten sich durch artverwandte Tätigkeiten über Wasser. Sie veranstalten Vortragsreisen, lesen für Verlage Korrektur, verfassen gelegentlich eine Betrachtung für Magazine und Zeitschriften und rezensieren Neuerscheinungen. Sie fristen mehrheitlich ein Dasein, das dem Karl-Spitzweg-Gemälde *»Der arme Poet«* ähnelt.

Aussichten, direkt vom Schreiben leben zu können, haben Sachbuchautoren. Der Markt an Ratgebern, How-to-do-books und Praxisführern wächst in dem Maß, wie unsere Umwelt komplizierter und undurchschaubarer wird. Fähige Sachbuchautoren werden deshalb von Verlagen gesucht. Allerdings gehört viel Kompetenz und Fingerspitzengefühl dazu, ein erfolgreiches Sachbuch zu verfassen, das über den Tag hinaus Bestand haben soll. Erforderlich ist profundes Wissen über das Thema, das behandelt wird. Der Sachbuchautor kann seinen Text kaum aus dem hohlen Bauch heraus verfassen. Er hat es also doppelt schwer, will er gelesen werden.

Die überwiegende Mehrheit der Dichter, Schriftsteller und Literaten lebt also nicht vom Schreiben. Sie hat einen Brotberuf, in dem sie ihr Auskommen findet und der ihr gleichzeitig die zeitliche Möglichkeit eröffnet, der Schriftstellerei nachzugehen.

Dies ändert sich schlagartig in dem Moment, wo ein Text den Leser begeistert und als Stern am Literaturhimmel aufgeht. Ein derartiges Werk verfasst zu haben, gleicht dem Lotteriegewinn: Er ist nur wenigen beschieden, schenkt dann dem Glücklichen aber Erfolg und bisweilen das große Geld.

> **Viele hoffen, setzen, fiebern, aber nur wenige Glückspilze gewinnen. »Reich willst Du sein?«, fragt der Dichter Ringelnatz und gibt selbst die Antwort: »Warum bist Du's nicht?«**

ÜBER DEN AUTOR

Wilhelm Ruprecht Frieling ist ein durch unkonventionelle Sachbücher und Reportage-Bände bekannter deutscher Sachbuchautor, Verleger und Kritiker. Bekannt wurde er mit dem Unternehmen Frieling-Verlag Berlin als Publikationsdienstleister für selbstpublizierende Autoren. Er gilt als Pionier der Autorenratgeber-Szene.

Frieling wuchs in Oelde/Westfalen auf. 1968 zog er ins damalige West-Berlin, wo er nach Ausbildungen zum Fotografen und Redakteur journalistisch tätig war. Er veröffentlichte in deutschen und US-amerikanischen Magazinen wie Börsenblatt des deutschen Buchhandels, Westermanns Monatshefte, Memo, Der Feinschmecker, Weltwoche, The New Yorker u. a.

Am 1. Februar 1983 gründete er den inzwischen legendären Verlag »Frieling & Partner«, den er zwanzig Jahre lang betrieb. Er entwickelte das Unternehmen unter dem Slogan

»Verlag sucht Autoren« zu dem seinerzeit bekanntesten und größten deutschen Autorenverlag und veröffentlichte rund zehntausend Texte neuer Autoren.

Als Autor veröffentlichte Frieling dutzende Bücher, darunter zahlreiche Ratgeber für Autoren, seine Autobiografie »Der Bücherprinz oder wie ich Verleger wurde« sowie Opern(ver)führer, Lyrik und Kurzprosa.

Frieling publizierte hunderte Blogbeiträge, Kolumnen, Rezensionen sowie dutzende Bücher. Er trägt das Rezensionsportal Literaturzeitschrift.de.

HAT IHNEN DAS BUCH GEFALLEN?

Vielen Dank, dass Sie mein Buch gelesen haben. Ich hoffe, dass ich Ihnen etwas mitgeben und Sie unterstützen konnte. Wenn es Ihnen gefallen hat, würde ich mich sehr freuen, wenn Sie ihm bei dem Online-Shop eine Bewertung geben, bei dem Sie es bestellt haben. Oder Sie schreiben bei einem Ihrer Lieblings-Buchportale eine Rezension.

Ihre Meinung zu meinem Buch ist mir sehr wichtig und eine kleine Anerkennung für meine Arbeit. Außerdem hilft es mir, neue Leser für meine Bücher zu finden.

Vielen Dank für Ihre Unterstützung!

KAMPENWAND
VERLAG

DAS KÖNNTE DIR AUCH GEFALLEN

Mein Buchplaner

Buch schreiben und veröffentlichen leicht gemacht

Sophie Heisenberg

Hardcover, 240 Seiten

ISBN: 978-3966985932